ÉTIENNE SOURIAU

**DIFERENTES MODOS
DE EXISTÊNCIA**

DIFERENTES MODOS DE EXISTÊNCIA
ÉTIENNE SOURIAU

Ed PUF © 2009 – *Les différents modes d'existence*
n-1 edições © 2020
isbn 978-65-86941-19-7

Embora adote a maioria dos usos editoriais do âmbito brasileiro, a n-1 edições não segue necessariamente as convenções das instituições normativas, pois considera a edição um trabalho de criação que deve interagir com a pluralidade de linguagens e a especificidade de cada obra publicada.

COORDENAÇÃO EDITORIAL Peter Pál Pelbart
          e Ricardo Muniz Fernandes
DIREÇÃO DE ARTE Ricardo Muniz Fernandes
ASSISTENTE EDITORIAL Inês Mendonça
TRADUÇÃO Walter Romero Menon Júnior
PREPARAÇÃO Clarissa Melo
REVISÃO TÉCNICA Fernando Scheibe
REVISÃO Susanna Kruger
PROJETO GRÁFICO Leonardo Araujo Beserra – *GLAC edições*

A reprodução parcial deste livro sem fins lucrativos, para uso privado ou coletivo, em qualquer meio impresso ou eletrônico, está autorizada, desde que citada a fonte. Se for necessária a reprodução na íntegra, solicita-se entrar em contato com os editores.

1ª edição | Outubro, 2020 | *n-1edicoes.org*

Este livro, publicado no âmbito do Programa de Apoio à Publicação ano 2020 Carlos Drummond de Andrade da Embaixada da França no Brasil, contou com o apoio do Ministério francês da Europa e das Relações Exteriores. Este livro contou com o apoio à publicação do Institut Français.

ÉTIENNE SOURIAU

DIFERENTES MODOS DE EXISTÊNCIA

TRADUÇÃO
WALTER ROMERO
MENON JÚNIOR

7   **I. POSIÇÃO DO PROBLEMA**
Monismo ôntico e pluralismo existencial. Pluralismo ôntico e monismo existencial. Suas relações, suas combinações. Consequências filosóficas: riqueza ou pobreza do ser; as exclusões desejadas. Aspectos metafísicos, morais, científicos e práticos do problema. Questões de método.

21   **II. OS MODOS INTENSIVOS DE EXISTÊNCIA**
Espíritos duros e espíritos delicados. Tudo ou Nada. O devir e o possível como graus de existência. Entre o ser e o não-ser: níveis, distâncias e efeitos de perspectiva. A existência pura e a existência comparada. A ocupação ôntica dos níveis. Existência pura e asseidade. Existência e realidade.

51   **III. OS MODOS ESPECÍFICOS DE EXISTÊNCIA**
SEÇÃO I. O fenômeno; a coisa; ôntica e identidade; universais e singulares. O psíquico e o corporal; o imaginário e o solicitudinário; o possível, o virtual; o problema do numenal.
SEÇÃO II. O problema da transcendência. Existir e comparecer (em juízo). Existência em si e existência para si. A transição.
SEÇÃO III. Semantemas e morfemas. O evento; o tempo, a causa. A ordem sináptica e a cópula. É possível um quadro exaustivo dos modos de existência?

119 **IV. DA SOBRE-EXISTÊNCIA**
Os problemas da unificação; a participação simultânea em diversos gêneros de existência; a união substancial; a sobre-existência em valores; existência qualificada ou axiológica; separação da existência e da realidade como valores. O segundo grau; o *Über-Sein* de Eckhart e o Uno de Plotino; as antinomias kantianas; a convergência das realizações; o terceiro grau; o estatuto do sobre-existente; sua relação com a existência. Conclusões.

159 **DO MODO DE EXISTÊNCIA DA OBRA A SE FAZER**

187 **SOBRE O AUTOR**

1. POSIÇÃO DO PROBLEMA

Monismo ôntico e pluralismo existencial. Pluralismo ôntico e monismo existencial. Suas relações, suas combinações. Consequências filosóficas: riqueza ou pobreza do ser; as exclusões desejadas. Aspectos metafísicos, morais, científicos e práticos do problema. Questões de método.

§1. Existe o pensamento, nele mesmo e por ele mesmo? A matéria existe, e da mesma maneira? Deus existe? Hamlet, a *Primavera*, Peer Gynt existiram? Existem? E em que sentido? As raízes quadradas dos números negativos existem? A rosa azul existe?

Responder a cada uma dessas questões (com um sim, com um não ou com um "de alguma maneira"; e já não é assim tão simples) é suficiente? Seguramente não. Por sua própria acumulação, essas questões levam a outra, maior e que as contém: há várias maneiras de existir? O existir é múltiplo, não nos seres em que se atualiza e investe, mas em suas espécies?

§2. A filosofia sempre manteve essa questão em aberto. Mas as respostas dos filósofos são tendenciosas. Ao mesmo tempo que afirmam, eles desejam. E, segundo o que desejam, vemos a existência ora desabrochar em múltiplos modos, ora voltar a ser una.

Se, quando se fala do ser, espera-se vê-lo reinar sozinho numericamente, imediatamente, a multiplicidade dos seres que o senso comum acreditava distinguir tornando-se fantasmática, esses pretensos seres, para se reunirem ao ser e se fundirem nele, agrupam-se em tribos, cada uma sob a bandeira de um gênero particular de existência. Assim se reúnem todos os corpos e todas as ideias. Ou ainda, os possíveis, os contingentes, os necessários. E o ser único, para abarcar essa multiplicidade, se faz síntese de todos os gêneros de existência, une em si todas essas irradiações. Espinosa "se embevece" com a unicidade da substância, mas logo a divide e mostra uma ordem, uma conexão entre as coisas segundo o atributo da extensão; ordem que se redobra segundo o atributo do pensamento e, então, segundo uma infinidade de outros atributos, cada um eterno, cada um infinito em seu gênero. Nenhum deles suficiente para dar conta da riqueza da realidade que a substância possui, pois "proporcionalmente à realidade, ou ao ser que cada coisa possui, um maior número de atributos lhe pertence".

§3. Suprimam a pedra angular, removam a unidade panteística da substância, não é o mundo que se divide em partes plurais (já que os modos, segundo Espinosa, correspondem entre si de um atributo a outro), mas é o existir que se cinde irremediavelmente numa multiplicidade de espécies. Sem suprimir o uno, temos a mesma multiplicidade se o colocamos acima da existência. "Imploro a Deus, diz Mestre Eckhart, que me livre dele mesmo; pois o ser sem ser está acima de Deus. O que poderíamos sacrificar de mais caro a Deus senão ele mesmo por ele mesmo?" Plotino, que não admite a homonímia do verbo ser quando aplicado ao Uno ou aos seres que dele se seguem, conta nove gêneros de existir.

§4. Há, inversamente, filósofos que, longe de postularem a unicidade do ser, reconhecem uma multiplicidade de seres realmente substanciais. Porém, quanto mais esses seres tornam-se multidão, mais seu status existencial torna-se semelhante e único. Vejam os atomistas, sejam eles Epicuro, Gassendi ou mesmo, sob alguns aspectos, Leibniz: eles fracionam o ser até os últimos limites. Mas esses seres são semelhantes, fundados, por exemplo, sobre a antitipia e a indivisibilidade. Enfim, a despeito de sua aparente riqueza e complexidade, o conjunto incalculável desses seres é testemunho de apenas um gênero de existência, da qual se pode apresentar como tipo único um simples átomo. Quando muito, podemos reconhecer, a partir desse ponto de vista (e é o que faz Leibniz), duas maneiras diferentes de existir: a dos simples e a dos compostos.

§5. Nesse sentido, aliás, Leibniz é bastante interessante. Acabamos de citá-lo como atomista. Mas, longe de ser apenas atomista, Leibniz alterna os dois movimentos em questão. Após ter seguido a via dos atomistas, reduzido a existência ao tipo monádico e feito de Deus uma mônada em meio a outras, ele retoma essa via em sentido contrário. Detém-se, então, em considerações acerca de uma profunda diferença entre as mônadas: entre as que são criadas, que só existem por intermédio de Deus, e a mônada incriada, o Ser necessário. Em seguida, além desses seres criados, que têm apenas uma existência de fato, ou contingente, discerne essências e verdades, eternas e imutáveis. Qual é, portanto, o status existencial das mesmas? Todas reunidas, elas perfazem o reino do possível, que deve ter também alguma realidade. De resto, ao Ser necessário, "basta ser possível para ser atual", e a possibilidade funda a existência, logo, a possui de maneira eminente. Sob a luz que ele espalha no mundo, distingue-se "um mundo moral no mundo natural"; um reino das causas eficientes e um reino das causas finais; um reino físico da natureza e um reino moral da graça, que formam como que duas ontologias distintas repousando sobre princípios diferentes. Assim, ao partir da multiplicidade dos seres, Leibniz tendia a afirmar a unicidade de seus gêneros de existência, da qual somente a mônada humana podia ser o exemplo. Mas, quando parte, inversamente, "da unidade primitiva" (*Monadologia*, §47), logo começa a clivagem do real segundo diferentes gêneros de existência. Em resumo, ele apresenta, como um duplo balançar, os dois movimentos do pensamento entre os quais se dividem geralmente os filósofos que tendem uns a reconhecer, outros a negar, a pluralidade existencial, ao mesmo tempo que, inversamente, negam ou reconhecem, em razão inversa, a pluralidade dos existentes.

§6 . Vemos, portanto, a profunda diferença que há entre um pluralismo ôntico, que postula a multiplicidade dos seres, e um pluralismo existencial, que postula a multiplicidade dos modos de existência. O monismo ôntico pode, como o panteísmo nos atesta, se acomodar a um pluralismo existencial. E o pluralismo ôntico pode se esforçar por valorizar um monismo existencial, como fazem os atomistas.

§7 . Mas se há, aparentemente, alguma oposição ou inversão entre essa pluralidade existencial e essa pluralidade ôntica, logo verificaremos que tal oposição, ainda que frequente, não é necessária. Pode existir, embora raro, um monismo integral que proclame, ao mesmo tempo, a unidade do ser e a unicidade da existência: é o caso dos eleatas e, sobretudo, dos megáricos.
    Por outro lado, há um tipo de pluralismo hiperbólico, que reconhece, ao mesmo tempo, diferentes seres e diferentes gêneros de existência sem ligação entre si. É o chamado polirrealismo.

Tais são certos fideísmos que postulam, como o de Schleiermacher, uma esfera sentimental da religião e uma esfera racional da ciência, perfeitamente independentes uma da outra.

§8 . Segundas intenções! Aspirações secretas! O que esperam os atomistas, que são "libertinos", senão abolir os seres para os quais não há assim mais gênero de existência – os seres da experiência unicamente moral ou da esperança unicamente metafísica. Já os defensores do pluralismo existencial oferecem a si mesmos, pelo contrário, um universo com duas ou três gavetas, um universo com fundo duplo, para restaurar os seres assim contestados. Quanto aos pluralistas integrais, os polirrealistas, sua esperança é a de demonstrar a existência das coisas da religião, sem ter que ofuscar as da ciência; como os monistas integrais, os eleatas querem abolir o movimento, o devir, sem serem obrigados a negar o mundo.

§9 . Vemos, então, como nosso problema está no centro da filosofia no que ela tem, não somente de mais vivo, mas, talvez, de mais tendencioso. Sobre essa única proposição: "há mais de um gênero de existência"; ou, inversamente: "a palavra existência é unívoca", se confrontarão não somente as concepções metafísicas, mas, como é justo, as mais opostas concepções práticas da existência. De acordo com a resposta dada, o universo inteiro e o destino humano mudam de aspecto; sobretudo se as combinarmos cruzando-as com estas duas proposições: "há mais de um ser", ou bem, "o ser é único". Portas de bronze abrindo e fechando com suas pancadas fatídicas, grandes esperanças na filosofia, vastas regiões no universo.

§10 . É que o mundo inteiro é bem vasto se há mais de um gênero de existência; se é verdade que não o esgotamos ao percorrer tudo o que existe segundo um dos seus modos – aquele, por exemplo, da existência física ou aquele da existência psíquica; se é verdade que é necessário ainda para compreendê-lo abarcá-lo em tudo o que lhe confere suas significações ou seus valores; se é verdade que, em cada um de seus pontos, intersecções de uma rede determinada de relações constituintes (por exemplo, espaço-temporais), é preciso abrir, como um respiradouro dando para outro mundo, todo um novo conjunto de determinações do ser: atemporais, não espaciais, talvez subjetivas, ou qualitativas, ou virtuais ou transcendentes; daquelas, talvez, nas quais a existência só se deixa capturar em experiências fugazes, quase indizíveis, ou que demandam à inteligência um esforço terrível para apreender aquilo a que ela ainda não está afeita e que apenas um pensamento mais amplo poderia abarcar. Finalmente, o mundo é mesmo um vasto mundo se é verdade mesmo ser preciso, para aprender o universo em sua complexidade, não apenas tornar o pensamento capaz de perceber todos os raios multicolores da existência, mas inclusive uma luz nova, uma luz branca que une esses raios na claridade de uma sobre-existência que supera todos esses modos sem subverter sua realidade.

§11. E, inversamente, o mundo é bem inteligível e bem racional, se um só modo de existência pode dar conta de tudo o que ele contém, se é possível colocá-lo em ordem a partir de uma única determinação fundamental ou uma única rede relacional. Mas não nos enganemos: para que essa simplificação metódica se torne ilegítima, basta uma pequena ruptura nessa rede. Basta, por exemplo, se todos os seres foram descritos por meio de relações quantitativas, que o qualitativo se mostre indispensável para dar conta de existentes verdadeiros ou de variações nos graus de suas existências.

§12 . Também a realidade humana se tornará bem rica se ficar patente que ela implica vários gêneros de existência; que um ser humano, para existir plenamente, para conquistar toda sua verdade de ser, deve ocupar tanto (para seguir a análise de Maine de Biran) sua existência biológica quanto sua existência sensitiva, perceptiva e reflexiva e, enfim, sua existência espiritual. Mas, pelo contrário, essa mesma realidade humana parecerá bem simples e passível de ser racionalizada se, dentre esses gêneros de existência, um só for real; se, por exemplo, uma dialética materialista bastar para estabelecer a existência total; ou se o indivíduo tiver apenas que compor para si uma existência no tempo, sem se preocupar com os "pontos ao infinito", por assim dizer, de seu ser; se não há para ele nenhuma existência fora do tempo que sua ignorância com relação a isso possa desconhecer ou deixar vacante. E uma pequena frase: "há apenas uma maneira de existir", ou pelo contrário, "há muitas", decidirá sobre tudo isso.

§13 . Observei, diz o físico ou o astrônomo, pósitrons e nêutrons, elétrons representáveis por intermitência, e que dançavam o Balé dos Quanta no palco do espaço e do tempo, voltando a entrar, por vezes, nas coxias do Indeterminado; vi galáxias em expansão, de dimensões aterradoras para meu pequeno pensamento humano. Mas tudo isso tinha uma existência física, objetiva e cósmica? Ou uma existência racional e representável? Ou, enfim, uma existência microscópica e telescópica, quero dizer, substancialmente ligada à da coisa microscópica ou da coisa telescópica?

Sonhei contigo, diz Goethe a Ennoia-Helena ou Vigny a Eva. Mas, deverão ainda dizer: ainda há um lugar para ti no mundo real? Ou o ser que te encarnaria seria, por sua maneira essencial de ser, indigno de ti? És, em tua substância, um ser de sonho e "feito da matéria de que são feitos os sonhos", como diz Shakespeare, portanto, lábil e precário? Ou, procedendo em mim de causas profundas e de razões verdadeiras, és um ser necessário? Será apenas uma fermentação fisiológica o que te sustenta? És o Eterno Feminino, o Eterno Ideal ou a Eterna Mentira? És uma necessária e constante presença ou é preciso te procurar entre aquilo que jamais veremos duas vezes?

Sonhei comigo, melhor que eu mesmo, mais sublime. Entretanto era eu; eu mais real. Esse eu sublime era um ser de verdade ou de ilusão? De vida objetiva transcendente ou de vida psíquica contingente e subjetiva? Uma essência, uma entelequia? Ou a extrapolação ilegítima de uma tendência? E de que maneira serei mais sábio e mais positivo? Dizendo que isso não existe? Ou me apegando a isso para viver?

§14. Tal é o problema. Ou, antes, tais são as questões às quais uma discussão correta do problema deveria permitir ao filósofo responder com tranquilidade.

Questão-chave, dizíamos antes; ponto crucial para o qual convergem os maiores problemas. De que seres nos encarregaremos em nosso espírito? O conhecimento deverá sacrificar à Verdade populações inteiras de seres, riscadas de toda positividade existencial? Ou deverá, para admiti-las, dividir o mundo em dois, em três?

Questão prática também. Afinal é de grande consequência para cada um de nós saber se os seres que afirmamos, supomos, sonhamos ou desejamos têm uma existência de sonho ou de realidade e saber, nesse caso, de que realidade se trata; saber que gênero de existência está preparado para recebê-los; presente para sustentá-los ou ausente para aniquilá-los;

ou se, ao considerar erradamente um só gênero, nosso pensamento relega ao abandono e nossa vida deserda ricas e vastas possibilidades existenciais.

Questão, de outra parte, notavelmente limitada. Ela se resume, como podemos ver, na questão de saber se a palavra "existir" tem ou não o mesmo sentido em todos os seus empregos; se os diferentes modos de existência que os filósofos puderam assinalar e distinguir merecem plenamente e igualmente esse nome de "existência".

Questão positiva enfim. Uma das mais importantes, por suas consequências, que a filosofia pode se fazer, ela se apresenta sob a forma de proposições precisas, suscetíveis de crítica metódica. Inventariar as principais dessas proposições na história do pensamento humano; organizar seu quadro; procurar o gênero de crítica que cada uma requer; eis uma tarefa substancial.

§15 . Seria preciso se introduzir na questão apresentando, exemplarmente, uma gama de distinções existenciais colhidas ao acaso? Ser em ato e ser em potência; existência explícita, implícita e complícita; modos de asseidade (*aséité*),[1] abaleidade (*abaliété*),[2] ipseidade e alteridade; existir formalmente, objetivamente, eminentemente; existência *an sich, für sich, bei sich* (Hegel); existência imediata primária (*Urerlebnis*) ou mediata e de realidade apreciada (Reininger); existência cognitiva-real e emotivo-imaginária, divisível em afetiva e volitiva (H. Maier); *Dasein, Zuhandensein, Vorhandensein,* etc.

---

[1] Sentido próximo de *aséité*: existência por si e para si, isto é, existência totalmente independente. [N.T.]

[2] Um sentido próximo de *abaliété* seria o de existência por intermédio de outro, existência dependente, portanto, o contrário da *aséité*. [N.T.]

(Heidegger)? Que importam tais distinções se não sabemos de que pontos de vista elas resultam, quais são compatíveis, ou não, entre si, que alcance exaustivo podem ter?

Uma revisão histórica das posições sucessivas do problema seria mais útil, mas as proporções deste pequeno livro reduziriam tal revisão a um atalho insuportável; e encontraremos o essencial posteriormente. Ela nos mostraria como o pensamento dos primitivos, ou, ao menos, o pensamento anterior à filosofia, foi, sobretudo, sensível às distinções existenciais axiológicas que se inscrevem frequentemente em testemunhos filológicos: profano e sagrado; gêneros "forte" e "fraco" da língua dos masai; animado, inanimado e fictícios do algonquino; princípios *yin* e *yang* do pensamento chinês... Como, no estágio do pensamento filosófico, ao partir da oposição existencial do fenômeno à substância, a distinção dos jônicos entre parecer e ser conduz ao monismo eleático, baseado no valor ontológico atribuído ao princípio do terceiro excluído. Como Platão renova a questão por meio desta ideia genial: o não-ser não é privação de existência, mas é o ser-de-outro--modo (*être-autrement*) em relação a todo modo determinado de existência. Como resulta daí um pluralismo existencial ao qual Aristóteles forneceu certos temas essenciais: ser em ato e ser em potência, o problema do estatuto dos imaginários, o do estatuto dos futuros contingentes e assim por diante. Temas esses que se desenvolvem na Idade Média em um consentimento unânime com relação a uma pluralidade extrema dos modos de existência – consideremos tão somente a importância da existência do singular e do universal –, consentimento cuja única dissidência importante é a de Duns Scot, ao sustentar a univocidade do ser contra a teoria tomista da analogia. A revisão histórica, continuemos, poderia ainda nos mostrar como, entre Aristóteles e a escolástica, se interpõe uma importante ação de Plotino que propõe de uma parte a unificação dos modos de existência para além da própria existência e, de outra parte, a ideia de graus intensivos do ser, que ele estima ter sido omitida pelos peripatéticos. Ideia que voltaremos a encontrar tanto entre os gnósticos (Basilides) quanto entre os cristãos (Orígenes, Santo Agostinho, Nemésio, Enéas de Gaza, Dionísio Areopagita), e até nossos dias (Bradley ou Marvin, graus ou níveis), após ter adquirido uma significação particular durante a Renascença com Giordano Bruno (teoria de um mínimo e de um máximo de cada existência singular). Como Descartes quis reduzir tanto quanto possível os modos de existência e, entretanto, teve que reconhecer a não-univocidade das substâncias criadas e não criadas, a diferença do princípio existencial de união de duas substâncias e de cada uma delas isoladamente. Como Berkeley, em especial, tomou partido contra a possibilidade de uma "ideia geral do ser" e assinalou algumas de suas espécies (as almas e as ideias, a relação e a significação) como irredutíveis e radicalmente heterogêneas; os corpos, enfim, existindo apenas "em um sentido secundário e relativo". Como Kant não somente propôs o tema: existência fenomenal e existência numenal, mas também reconheceu uma quantidade de outros modos mais ou menos tradicionais.[3] Como Hegel transformou os modos mais importantes da tradição em momentos dialéticos sucessivos. E como, enfim, a continuidade do movimento que passa por

---

3 Na discussão dos paralogismos da razão pura, Kant faz intervir sucessivamente estas distinções: existência como sujeito e existência como predicado; existência própria do eu e existência das coisas fora do eu; existência *a priori* e existência determinada pelo ponto de vista sensível; existência diversificada segundo a modalidade (existência de fato, ou possível, ou necessária), diferença da existência como categoria. Enfim, existência intensiva considerada como "grau de realidade em relação a tudo que constitui a existência" (mais adiante: "pluralidade não de substâncias, mas de realidades formando um *quantum* de existência").

Krause, Lotze, Meinong e Baldwin chega às escolas fenomenológicas e existencialistas, cujas principais características são, de um lado, postular o direito de considerar a existência à parte de seus investimentos provisoriamente colocados entre parênteses e, de outro, tender a multiplicar, quase que indefinidamente, seus modos, integrando, de maneira indissolúvel, atributo e cópula um no outro, de modo que ser humano, ser no mundo, ser passado, ser presente, ser futuro, ser pertencente, ser disponível, ser longínquo, etc. são muitas maneiras de ser, menos no sentido fraco da expressão, como modos de determinação de um sustentáculo, do que no sentido forte, como meios de existir, condições específicas de existência, vias percorridas ou a percorrer para se obter acesso ao ser, modos da intencionalidade constituinte.

§16 . Tal revisão histórica colocaria em evidência, sobretudo, primeiro a solidariedade de um butim que une as mais recentes instâncias às experiências incontornáveis da *philosophia perennis*; em seguida, a urgência de classificar, de ordenar tudo isso, de investigar se o butim pode ser disposto em quadros completos, a partir dos quais seja possível obter alguma visão de conjunto, algum golpe de vista sinóptico sobre a existência em sua totalidade; por fim, evidenciaria a divisão do problema em três questões principais.

A primeira é a dos modos intensivos da existência. Antes de perguntar se isso existe e de que maneira, é necessário saber se podemos responder à pergunta com um sim ou um não; ou se podemos existir um pouco, muito, apaixonadamente, de modo algum...

A segunda, a dos modos específicos propriamente dita, é dominada pela oposição entre dois métodos. Podemos considerar a existência investida e nos encarregar do conteúdo ôntico total da representação humana para classificar seus modos e sopesar o seu teor existencial positivo; ou (considerando que a existência pode se encontrar não somente nos seres, mas entre os seres) partir de um dado ôntico, tão restrito quanto possível, e procurar por quais deslocamentos, por quais ligações (representando novos modos de existência) se pode passar do mesmo ao outro.

Esses dois métodos fornecem resultados diferentes. Um e outro são igualmente válidos. Veremos que é possível coordenar seus resultados e reconhecer na existência tanto as maneiras de ser dos diversos entes quanto as modulações diversas do fato de existir, seus ecos e seus apelos graduais, distinguindo, assim, para usar uma comparação filológica, "semantemas" e "morfemas" da existência (ver mais adiante §73 e §76).

A última questão é a da busca das unificações possíveis, que coloca em jogo a noção de sobre-existência.

Esse tríptico fornecerá seus quadros ao plano geral de nossa investigação.

II . OS MODOS INTENSIVOS DE EXISTÊNCIA

Espíritos duros e espíritos delicados. Tudo ou Nada. O devir e o possível como graus de existência. Entre o ser e o não-ser: níveis, distâncias e efeitos de perspectiva. A existência pura e a existência comparada. A ocupação ôntica dos níveis. Existência pura e asseidade. Existência e realidade.

§17 . Existir plenamente, intensamente, absolutamente, que ideal! Sair dessa incerteza de si mesmo, na qual procuramos em vão por nós mesmos em uma bruma de irrealidade, às margens do nada! Tomar assento, com todo o aparato, no ato de ser! Que ideal; mas também, talvez, como todo ideal, que devaneio! Que absurdo, talvez! Será verdade que podemos existir apenas pela metade? Todas as coisas, tanto esta pedra quanto esta alma, uma vez que existem, não são iguais na existência? Há existências fortes e fracas? O existir é suscetível de mais ou de menos?[1]

---

1 De um ponto de vista filológico, podemos pensar nos dois "gêneros", fraco e forte, da língua dos masai, já citados no §15. De um ponto de vista lógico, na oposição entre as classificações por classes e as por tipos; as últimas, sob seu aspecto logístico, visando a apreender "as propriedades graduáveis das coisas, ou seja, as qualidades que não são próprias ou não a certo objeto, mas que lhe são próprias em um

Sim, responderão aqueles que experimentaram ou sabem imaginar com força essa impressão de meia-existência; aqueles também para quem a palavra existência representa menos um fato que um valor; aqueles para quem a existência é um ato, suscetível de tensões diversas.[2]

Não! Responderão, pelo contrário, certos espíritos rigorosos e mesmo rigoristas, adestrados desde a infância a fundar a virtude da veracidade sobre uma estrita separação entre a coisa que é e a coisa que não é. Almas rudes, pouco inclinadas à indulgência por esses limbos intermediários nos quais agem confusamente a insinceridade e a mitomania, assim como a

---

grau mais ou menos elevado". Cf. C.G. Hempel e P. Oppenheim, *Der Typusbegriff im Lichte der neuen Logik*, Leide, 1936. Ver suas conclusões sobre a substituição da "oposição estática *ou-ou*" pela "oposição dinâmica *mais* ou *menos*" e aplicar isso à ideia de existência como "propriedade graduável". Essas especulações remontam, principalmente, a Benno Erdmann.

2 Nas filosofias às quais se atribui, de maneira um pouco generalizadora demais, a etiqueta de existencialistas, observamos, nesse sentido, duas atitudes opostas. Uma (talvez, a mais autêntica, na medida em que o existencialismo reivindica Kierkegaard) concebe a existência como possuída de fato, anteriormente a todo esforço (vão, talvez, diz Jaspers; v. *Vernunft und Existenz*) para dela se ter um conhecimento filosófico. Cf. Berdiaeff, *Cinq Méditations sur l'existence*, tr. fr., p. 62-64; ou S. Frank, *La Connaissaince et l'Être*, tr. fr., p. 127. A outra atitude, oriunda da fenomenologia e impregnada de romantismo, considera a existência como fato fácil, talvez, de ser conhecido, mas sempre por atingir, por realizar e conquistar, e sempre distante. É a atitude de Heidegger. Observaremos que G. Marcel, que parece de acordo com Berdiaeff em Être et Avoir (p. 227), ou na primeira parte do *Journal métaphysique*, em que a ideia de existência está estreitamente ligada ao tipo de existência corporal, tende em direção à segunda atitude na segunda parte, na qual a ideia de existência é identificada à de salvação. Nesse autor, a oposição entre ser e existência é a tal ponto marcante que ele diz: "a expressão *o ser*" é detestável e vazia de sentido (*ibid.*, p. 181; a propósito da questão do "querer ser"). – Quanto a L. Lavelle, cuja situação é mais complexa, seria interessante aproximar de alguma passagem de uma obra mais antiga (ex. *Présence totale*, p. 88), uma longa nota sobre a univocidade em um artigo recente ("De l'insertion du moi dans l'être par la distinction de l'opération et de la donnée", *Tijdschrift voor Philos.*, nov. 1941, p. 728). – Ver enfim Maurice Blondel, *L'Être et les êtres*, p. 11, 23, 102, etc.

melancolia e as inquietas e confusas aspirações existenciais. Existimos ou não, dirão eles. Estamos no ser ou fora dele. E, estivéssemos nós bem no limiar, metade no ser e metade fora, mesmo assim, não se deveria dizer que existimos de uma existência fraca. Seria preciso dizer que uma parte de nós existe, plena, real, totalmente, e a outra não existe.

§18. Vamos dar a palavra, primeiramente, a esses rigoristas.

Eles reconhecerão que uma existência pode ser mais ou menos rica; que ela pode reunir em si muito ser. Mas, dirão, esse quantitativo é extensivo. Podemos ocupar dimensões cósmicas pequenas ou vastas, compreender em nós poucas ou muitas ideias, ou poucos ou muitos átomos; abarcar mais ou menos espaço e tempo; encerrar uma maior ou menor multiplicidade. Um gênero será rico de existência se reunir um grande número de indivíduos. Da mesma maneira, um pensamento parece intenso se, em realidade, é múltiplo, porque forma muitas ideias em pouco tempo.[3]

Ou então, essa riqueza se apoiará sobre uma quantidade não ontológica e sim lógica. Um gênero biológico parecerá mais rico de existência, mais real, porque contém muitas espécies (sem levar em conta o número de indivíduos);[4] um

---

[3] Nada é tão impressionante quanto a maneira como Espinosa tende a reduzir as intensidades existenciais a questões de pluralidade. Cf. Éthique, I, prop. IX; IV, prop. XXXVIII, V, prop. XI, XIII, XXXVIII, XXXIX; etc. Sabemos, de outra parte, que Bergson quer substituir as intensidades por diversidades qualitativas, nas quais a pluralidade age apenas de uma maneira quase indefinível. Podemos lamentar, no que concerne a certos aspectos de sua filosofia, que sua crítica inicial da noção de quantidade intensiva o tenha conduzido a se desviar dos problemas da existência intensiva. Para ele, em suma, há dois modos de existência, a existência "em posição cerrada" e a existência "em posição dispersa" (como falam os harmonistas). Afora isso, todo "mais ou menos" é extensivo.

[4] V. p. Ex. É. Rabaud, "Adaptation et statistique", Rev. phq. 1937, II, p. 28 sq.

pensamento parecerá existencialmente pleno e fortemente real porque se modula através de formas muito diversas.⁵

Mesmo no que diz respeito aos valores, o bem e o mal (esse domínio privilegiado, segundo certa tradição, da privação ou da plenitude), nossos rigoristas recusarão qualquer possibilidade de interpretá-los em graus de ser e só lhes atribuirão existência real se for possível reduzi-los ao: "isso é". Por exemplo, considerando-os juízos que têm maior ou menor amplitude como fatos sociais.⁶

O mesmo se passa no tocante ao devir. Recusarão, por exemplo, considerar em uma criança o esboço de um adolescente e, no adolescente, o esboço de um adulto; esboços mais ou menos distantes de um *acme*, ou seja, do estado de ser perfeito que lhes serve de fim. Seremos convidados a ver na criança de 3, 7 e 12 anos diferentes realidades a serem tomadas como bastando a si mesmas, sem nada de virtual, sem nada que esteja a meio caminho entre o nada e esse ser perfeito ao qual se pretende referi-la.

Ponto de vista que, ao negar o encaminhamento gradual do nada à existência, postula mais ou menos a realização completa de todo ser, a impossibilidade de se deter a meio caminho. "Não está no poder do não-ser impedir o ser de se constituir inteiramente; não está no poder do ser fazer com que haja aqui ou lá mais ou menos existência" (Parmênides, v. 103 sq.).

---

5 Cf. textos, especialmente de Amiel, reunidos em C. Saulnier, *Le Dilettantisme*, p. 123, etc.

6 É assim que a questão de existência, sob a forma da modalidade do juízo assertório, oposta ao optativo ou ao imperativo, está na base das ideias de L. Lévy-Bruhl sobre *La Morale et la science des moeurs*. Podemos aproximar essas ideias daquelas de Cálicles ou de Trasímaco em Platão, quanto ao problema de saber se a moral é, sobretudo como fato natural.

Uma lei do Tudo ou Nada obriga, portanto, a colocar sob a forma da *oppositio medio carens* todos os problemas de existência. Assim, Pascal nos exorta: Deus é ou não é. Em vão o libertino, contemporâneo de Pascal, ou futuro renanista, desejará se evadir em direção à ideia de um Deus que existe mais ou menos ou existe de algum modo; por exemplo: como ideal,[7] ou dado reflexivo imanente, ou ainda porque identificaremos sua existência duvidosa com um tipo de fraqueza de existência. Não, diz Pascal, é necessário apostar: Cara ou Cruz.[8]

§19 . Como são mais flexíveis, mais nuançados, mais amáveis, esses filósofos que reconhecem intermediários entre o ser e o não-ser; para quem o possível, o em-potência, o próprio infinito (como em Aristóteles)[9] apenas se aproximam do ser e constituem o meio entre ele e o não-ser; ou ainda, esses cientistas que, ao estudar uma evolução, discernem nesta, no presente, o futuro já a meio caminho do ser, precisando apenas, para emergir, de um pouco de maturação.[10]

---

[7] Pensamos em Renan, porque essa alma delicada, irônica, fugidia se colocou, expressamente, contra a ideia de fazer residir no Tudo ou Nada existencial o problema da religião. Cf. *Drames philosophiques*, p. 78: "Tudo o que é ideal não substancial não existe para o povo. Quando ele diz: isso não existe, acabou. Temo pelo dia no qual essa terrível maneira de raciocinar tocará Deus".

[8] *Croix ou Pile*, no original, é um jogo de palavras com a expressão *pile ou face* em francês, cujo equivalente em português é cara ou coroa. [N.T.]

[9] "Porque não se pode prescindir do infinito, e como ele também não pode existir em sentido pleno, necessário se faz lhe reconhecer uma existência inferior à existência plena e, entretanto, distinta do nada. Esse modo intermediário de existência que Aristóteles reconhece de uma maneira geral, e do qual a solução do problema do infinito não é mais que uma aplicação particular, é a potência" (Hamelin, *Système d'Aristote*, p. 284).

[10] V. sobre a noção de emergência em relação com a ideia de desenvolvimento: Newman; com os graus de realidade: Bradley; de um ponto de vista realista:

Que seja. Mas, não há aí um lado mal talhado, uma ideia obscura evocando, ao mesmo tempo, em um status bastardo, duas ideias entre as quais seria preciso saber escolher? De uma parte, temos a ideia de gêneros diferentes de existência: o possível, o em-potência, o "pronto a emergir" que estão *ao lado* do atual, do real e como que vistos em transparência, através dele, em outra ordem de realidade. De outra parte, a ideia de um tipo de existência fraca, balbuciada abaixo do limiar de integridade do ser.[11]

A verdade é que há algo de implexo nessas ideias de possibilidade, de futuridade prestes a emergir, com as quais se contamina facilmente o problema dos graus de existência. Porém, não é o caso de se dizer que esse é um falso problema. A dificuldade está em ver com clareza sobre qual terreno ele se coloca exatamente e de desobstruir esse terreno de todo tipo

---

Whitehead, Hobhouse, Broad. Pensar na "evolução emergente" de Lloyd Morgan e em seu papel na construção do universo segundo Alexander. De um ponto de vista biológico e psicológico experimental, consultar p. ex. os documentos que se encontram reunidos no *Année psychologique*, p. ex. 1926, número 576 sq.; 1931, número 269 sq.; etc.; estudos de Coghill, Carmichael, Sheppard e Breed sobre a maturação dos esquemas de comportamento (*maturing behaviour patterns*) e sobre sua emergência sucessiva e espontânea em diversos estágios de desenvolvimento. Bergson empregou a noção de maturação (cf. Évol. *cr.*, p. 31).

11 Sabemos que a crítica bergsoniana da ideia de possível (*La Pensée et le mouvant*, p. 155 sq.) – além da ideia de uma não-impossibilidade prática, sobre a qual retornaremos – consiste, sobretudo, em mostrar que há nela uma ilusão advinda do jogar para o passado de um presente já feito e que então aparece retrospectivamente como tendo sido anteriormente possível, por ter efetivamente advindo. Espinosa havia apresentado a ideia do possível como relativa à nossa ignorância da determinação das causas que produzem ou não uma coisa. (v. Éthique, ed. Appuhn. p. 93, 427 e 447). Como estudo recente que coloca a ideia do possível sobretudo em relação com a pluralidade dos gêneros de existência, v. no vol. XVII (*Possibility*) das *University of California Publications in Philosophy*, particularmente o estudo de G. P. Adams. Sobre o que pode haver de positivo na ideia de possível, sem que isso faça dele, entretanto, um verdadeiro modo de existência, v. mais adiante §60.

de vegetações parasitas. Para conseguir isso, se faz necessário seguir o movimento dialético que o engendra a partir de uma afirmação existencial.

Assim, até aqui, opondo as duas teses extremas que se confrontam, encontramos, sobretudo, duas atitudes espontâneas de pensamento que podem ser referidas à oposição, cara a James, entre os espíritos duros e os delicados. Estamos ainda no domínio da opinião, da *doxa*.

*

§20 . Eu penso, eu existo. Isso pode ser dado de imediato como indissolúvel e acabado. Mas, a partir do momento em que a existência se distingue, minimamente que seja, do pensamento que lhe serve de prova e testemunho, a possibilidade da dúvida e a necessidade de modulações intensivas se introduzem com a ideia de medida: eu existo na medida em que penso.

Descartes hesita. Se ele toma, sem maior deferência à atitude reflexiva, o pensamento e a existência como dados juntos (eu sou, eu penso, eu sou pensando; tudo isso é um), a existência lhe parece suficiente, e o próprio problema do tudo ou nada não se coloca: o todo é o único dado. Eu estou na existência, inicialmente e completamente. Posso conceber meu nada? Na verdade, nenhum esforço foi feito para tanto. O Cogito não é uma verdade que se restabelece, que se instaura após um instante trágico de completa dissolução na dúvida universal. Ele não foi comprometido, nem mesmo pela hipótese do gênio maligno. É uma verdade que se encontra subsistente, a única jamais atingida pela dúvida. Um pilar de mármore intacto após o incêndio, não uma coluna a ser construída.

A concepção correlativa do nada e da existência integral e meu estatuto intermediário entre os dois resultam ambos da reflexão sobre as relações entre existência e pensamento; reflexão que, ao apreender sua relação, separa os dois termos. Eu sou pensando. Mas o que sou eu? O que é o Eu? É uma coisa que pensa. E o que é pensar? Pois esse Eu só existe, pensando, se houver aqui um verdadeiro pensamento.

Sendo assim, minha existência não é mais absoluta; ela está referida a outra coisa.[12] A essência do pensamento se torna a origem de uma abscissa, sua existência completa a de uma ordenada. Quanto mais meu pensamento atual está distante da perfeição absoluta do pensamento, mais estou distante da perfeição absoluta da existência. Um é função do outro.

De onde se segue toda uma construção. A existência pode ser medida. Ela tem seu zero e seu infinito, e eu ocupo aí uma posição. É uma grandeza, uma grandeza mensurável.

Mensurável? Seguramente falta precisão nisso. O que significa exatamente essa distância entre meu pensamento e o arquétipo? Trata-se de uma diferença de natureza ou de valor? Trata-se de uma maior ou menor semelhança? E esse arquétipo é uma medida-padrão abstrata, nocional? Uma pura essência do pensamento? Ou se trata de outro pensamento, que serve de tipo, pensamento substancialmente diferente do meu, mas igualmente atual? Ou, enfim, trata-se de outros momentos do meu pensamento, comparado a ele mesmo em seus instantes diversos, mais ou menos lúcidos, mais ou menos acabados? Em suma, essa dupla distância, entre mim e o arquétipo do pensamento e entre mim e a existência

---

[12] Estão de acordo sobre esse ponto o cartesianismo e a tese fenomenológico-existencialista recordada anteriormente (§15): inseparabilidade do predicado e da cópula nos juízos de subsunção. Ser humano é existir na medida em que se é verdadeiramente humano. Tese que pode ser aproximada da teoria tomista da *veritas in essendo*.

completa, corresponde a duas ordens distintas de fatos ou se trata de apenas um único e mesmo fato considerado sob dois pontos de vista diferentes?

Questões que podem ser respondidas de diversas maneiras; às quais historicamente se respondeu de maneira diversa. Quando Kant retoma a questão, quando, em sua importante discussão do *Phédon* de Mendelssohn, introduz a ideia de que para um ser consciente os graus de consciência implicam graus de existência, ele concebe os graus de consciência como introspectivamente capturáveis pela observação. O distanciamento do pensamento em relação à sua perfeição é concebido a partir de uma comparação entre os diversos momentos de um mesmo pensamento, entre os diversos estados de lucidez de uma mesma mônada. Quando o existencialismo fenomenológico refere essa distância à que separa um pensamento mundano de um pensamento transcendental, trata-se de um arquétipo inatual, situado em um gênero de existência outro que aquele que se mede, ainda que dele não seja substancialmente distinto.

Mas o próprio Descartes havia tomado partido. Para ele, o arquétipo é transcendente, porém, substancial e atual. É Deus que serve de termo de referência. Quanto a minha distância em relação a ele, é uma questão de semelhança. No que tange a minha vontade, sou feito à sua imagem e verdadeiramente seu igual; já no que concerne a minha inteligência, a imagem é imperfeita. Há graus de semelhança. Minha semelhança intelectual com Deus é, ao mesmo tempo, positiva e medíocre. Correlativamente, entre o zero e o infinito da existência, minha situação é intermediária. Ela é função dessa semelhança imperfeita e se mede em relação a ela. Entretanto, embora a minha distância de Deus e a minha distância do ser sejam distintas na razão, já que uma mede a outra, sob outros aspectos elas representam um único e mesmo fato, uma vez que é por Deus que tenho o ser e que dele sou substancialmente dependente.[13]

Esse último ponto reintegra, em certos aspectos, o grau de existência ao próprio sujeito, desde que encontre nele mesmo certo grau de asseidade, uma potência forte ou fraca de se sustentar no ser e existir em si e para si. Mas Descartes nega, em suma, essa asseidade e propõe que eu não tenho por mim mesmo potência alguma de me sustentar. Pode-se, portanto, ao menos provisoriamente, fazer abstração desse ponto de vista imanentista entreaberto e logo fechado e considerar as duas distâncias, em Descartes, como se fossem duas ordens distintas de fatos.

§21. O que resulta disso?
Uma coisa bem importante.

---

[13] "Quando considero que duvido, ou seja, que sou uma coisa incompleta e dependente, a ideia de um ser completo e independente, isto é, de Deus, se apresenta a meu espírito... Sou como um meio entre Deus e o nada... Se me considero como participando, de alguma maneira, do nada ou do não-ser, ou seja, na medida em que não sou eu mesmo o soberano ser... me encontro exposto a uma infinidade de faltas", Descartes, *Méditations*, IV, 1-3. Ver também *Réponses aux premières objections*. A interpretação dessa participação como constituindo efetivamente "graus de realidade" está formalmente afirmada nas *Rép. aux secondes obj.*, ax. IV e VI.
É interessante aproximar disso tudo as ideias expressas por Pascal no fragmento acerca dos Dois Infinitos (*Pensées*, Ed. Brunschvicg, número 72) Pascal apresenta aí o "meio" entre o ser e o nada como nossa "cota". A posição que ocupa a inteligência na ordem das coisas é especificada pelo "lugar que ocupa nosso corpo na extensão da natureza". E para este, o nada é o limite do infinitamente pequeno, o ser é o infinito em grandeza. A necessidade de considerar essas relações como existenciais é claramente afirmada. "O pouco que temos de ser nos rouba o conhecimento dos primeiros princípios, que nascem do nada." Mas o infinito das alturas equivale para nós a um nada; os extremos estando, em relação a nós, em uma mesma situação: "Com relação a eles, não somos". Só em Deus se encontram e se reúnem as duas extremidades.

Podemos nos perguntar, com efeito, se Descartes não ultrapassa, por assim dizer, a finalidade; se, na construção em que se detém, ainda subsistem verdadeiramente graus intensivos de existência.

Os graus de semelhança com Deus se aparentam a essa grande visão do mundo em graus hierárquicos que pertence, geralmente, à corrente platônica e que permanece, em seu fundo, bem distinta da ideia de um mundo em graus de existência. Em Basilides, Enéas de Gaza, Santo Agostinho, Orígenes, Dionísio Areopagita (cf. §15) encontramos, do mesmo modo, um mundo feito de escalas, com graus de distanciamento em relação a Deus. Por exemplo, esse distanciamento se caracterizará por uma diminuição progressiva dos efeitos da bondade divina (*Bonum sui diffusivum*), resultado de sua justiça distributiva.[14]

O bem e o mal serão, assim, quantitativamente repartidos, e cada criatura participará mais ou menos deles, receberá deles uma parte que pode ser medida. De maneira correlata, o ser e o não-ser serão quantitativamente medidos e dosados em cada criatura. Tal como o copeiro mede o vinho e a água na cratera; tal como o oleiro mede a areia e a argila para fazer sua massa; assim o Demiurgo medirá para cada um a parte de ser e de não-ser que lhe cabe. Receita, se ousamos dizer, para uma pedra: três quartos de não-ser, um quarto de ser. Para um boi: *half and half*. Para um ser humano, um quarto de não-ser, três quartos de ser. *Homo duplex*. Uma dupla natureza lhe é atribuída em uma proporção justa. Não há nada de intensivo nisso. É algo puramente do domínio da quantidade aritmética e, portanto, extensiva. O não-ser aqui é sempre o Outro, segundo a verdadeira tradição platônica. A quantidade

---

14 Dionísio Ar., *De div. nom.* IV, 20.

de não-ser que a natureza humana contém é a quantidade de Outro que ela contém. Ao invés de trazer à presença o tudo e o zero reunidos e, depois, engendrar o ser humano em razão proporcional, podemos nos colocar, primeiramente, em face dele – como o farão Nemésio e posteriormente Pascal – e o sopesar em ser. Se ele parece vazio e oco, pouco denso em ser, é porque consideramos momentaneamente apenas o que ele contém de ser. Mas a razão é sempre proporcional. Ela faz o ser humano com uma parte de mesmo e uma parte de outro, que contribuem ambas para sua natureza, para a plenitude total realizada pelos dois princípios.

Descartes, no texto citado anteriormente, se exprime segundo essa forma de pensamento. E na medida em que, algebrista e geômetra, pensa um pouco diferente, na medida em que concebe antes a situação humana entre o ser e o nada como uma distância sobre um eixo, essa avaliação, por ser geométrica, não deixa de ser do domínio da quantidade extensiva.

§22. E tudo isso, não podemos esquecer, permanece válido para as concepções kantianas, husserlianas ou heideggerianas, na medida em que elas avaliam os graus de existência do ser consciente, do ser pensante, ou do ser humano como distâncias em relação a uma consciência lúcida, ou a uma essência de pensamento, ou a uma realização das intenções; na medida em que concebem, portanto, a distância entre o ser que se interroga e o ser plenamente existente como um distanciamento do ser em relação a si mesmo; distanciamento metafísico, gnosiológico ou mesmo simplesmente temporal. Quanto tempo me é necessário, ou quais *démarches* devo fazer, e quais aporias dialéticas superar, para me encontrar e me instaurar em minha existência plena? Os três graus que o ser humano deve transpor, segundo Maine de Biran (a passagem da existência biológica à existência psicológica e então à existência espiritual) são uma passagem por três planos, por três graduações existenciais que são, ao mesmo tempo, três gêneros de existência e três graus hierárquicos; para um hegeliano, eles serão três momentos dialéticos. Mas, nenhum é, em si, mais ou menos real que outro. E a intensidade de existência aparece, por assim dizer, apenas como um efeito de perspectiva, como o distanciamento de um ser, dado em um status de existência, em relação ao mesmo ser em outro status de existência ao qual é referido. Distanciamento, seja qualitativo (uma perspectiva aérea), seja quantitativo e mesmo mensurável; quantificável pelos momentos dialéticos ou pelos diferentes gêneros de existência a serem atravessados para se atingir tal distanciamento.

§23. Através dessa análise, acabamos por nos colocar em presença de fatos cuja importância dificilmente pode ser negada. Frequentemente, senão sempre, as teorias filosóficas que apresentam graus intensivos de existência não os consideram imanentes a uma existência tomada em si mesma. Essas teorias os fazem surgir de um efeito de perspectiva que os situa entre modos diferentes de existência. Eles são relativos não à *existência pura* em um dado gênero, mas à ordem da *existência comparada*. Estão para além da existência pura, para a qual permanece válida a instância eleática. Estão no intervalo entre dois planos ou modos de existência. É, aliás, exatamente a passagem de um a outro que os faz aparecer. Tomado cada um à parte ou em sua relação estática, o que se atualizava como intensivo na etapa dinâmica pode se resolver em considerações extensivas.

Pois, se os dois gêneros comparados entre si podem, finalmente, aparecer como plenamente reais, a etapa de passagem, o lugar transitivo, é real também; e se manifesta pela experiência positiva da intensidade existencial.

§24. Hesitamos, entretanto, em anular, por assim dizer, todo parâmetro de intensidade em um único modo de existência; em recusar a uma existência pura qualquer possibilidade de mais ou de menos. É preciso aceitar, nesse domínio, a instância eleática? Se sim, de onde viria tal diferença de tratamento entre a existência pura e a existência comparada? Uma delas mereceria mais ou menos que a outra o nome de existência? Problemas a se investigar.

§25. Contudo, há ainda um recurso, sobre o qual é preciso dizer pelo menos uma palavra, para dar consistência à intensidade modal pura: a tese do povoamento ôntico do intervalo.[15]

Entre mim e Deus, a distância seria concreta e substancial, não pelo número das noites de ascese e de purificação, mas pela realidade de uma "hierarquia celeste"; pela presença, em cada grau, de seres espirituais ou místicos que seriam seus paradigmas (tese de Leibniz). Entre mim e a célula original, para além da qual não haveria mais que o nada biológico, uma série positiva de viventes me sustenta e dá

---

[15] Sabemos que L. Lavelle insistiu bastante (cf. especialmente *L'Acte pur*, p. 200 sq.) sobre essa noção de intervalo. Quanto a nós, insistimos na impossibilidade de o conceber senão como intervalo metafísico entre dois modos de existência. Para Lavelle, "o intervalo absoluto seria o próprio intervalo que separou o nada do ser" (*ibid.*, p. 202). Mas, se o que precede é verdadeiro, há intervalo entre o ser e o nada tão somente nessas construções que colocam em jogo o mesmo e o outro como modos de existência. Conhecemos, de outra parte, o esforço de Heidegger para existencializar o nada (cf. *Qu'est-ce que la métaphysique?*, trad. Corbin, p. 27): "O nada é originariamente anterior ao não e à negação". A angústia é a sua revelação. É interessante comparar tudo isso, na literatura francesa, com as proposições precisas do poeta do nada, Leconte de Lisle: "*L'angoisse du néant te remplira le cœur...*/ *...Ce qui n'est plus n'est tel que pour avoir été,*/ *Et le néant final des êtres et des choses*/ *Est l'unique raison de leur réalité...*», etc. (A angústia do nada encherá teu coração.../ ...O que já não é mais só o é por ter sido,/ E o nada final dos seres e das coisas/ É a única razão de sua realidade...", etc.)

plenitude e consistência ao intervalo que me separa do nada (tese biológica e evolucionista).[16]

Posições historicamente consideráveis, mas que não modificam em nada as posições já adquiridas. Ilustrar, concretizar graus perspectivos e intervalos teóricos pela consideração dos seres concretos (imaginários ou reais) que lhes servem de paradigmas é ainda passar de um modo a outro; é substituir a minha intensidade própria por uma espécie de escala exterior, uma escada sobre os degraus da qual residem, anjos ou animais, criaturas de um status existencial absolutamente diferente daquele que me faz, a mim, plenamente ou parcialmente existente. Não é a minha própria existência que coloco em discussão, mas a destes seres, existência que empresta ilusoriamente sua consistência à minha. Sempre há circuito do pensamento através de outros modos, de um caráter aqui puramente exemplar.

§26 . Seria necessário, portanto, para experimentar verdadeiramente o intrínseco dessa plenitude existencial no seio de um único modo de existência, conseguir se desenredar definitivamente de todos esses sistemas de referência, de todos esses circuitos por outros planos. Seria necessário se colocar em face ou no seio da existência específica de um ente; experimentá-la para saber até que ponto, em seu estado isolado, ela mesma se sustém e se manifesta intensiva.

---

16 Observar a tendência dos diferentes espíritos a considerar como *mais* real, seja o intervalo de baixo, seja o intervalo de cima (e também, por contaminação, o passado e o futuro) segundo o gênero de realidade atribuído aos seres que constituem sua população e sua *Erfüllung*. Consultar as páginas importantes de Bergson (Évol. cr. p. 350-354) sobre esses filósofos gregos para os quais toda posição de realidade implica a realidade dos graus inferiores (ou anteriores). Comparar essas páginas com a curiosa discussão de H. G. Wells (*Découverte de l'avenir*, conferência na *Royal Institution*, abril de 1902) sobre a realidade dos seres do futuro. Aproximar isso do problema das relações existenciais entre o grande e o pequeno, evocada mais adiante (§95).

Mas não é sem uma dificílima ascese de pensamento que podemos conceber essa pureza existencial.

O próprio Cogito, dizíamos, não atingiu tal pureza, por não ter realizado um verdadeiro motivo de dúvida existencial. Seria necessário, antes, se colocar na perspectiva aberta por Giordano Bruno quando fala da oscilação de um ser entre seu máximo e seu mínimo. Mas aí reside todo o problema: como o modo intermediário, tomado como ponto de partida, terá a garantia de não ser um dado plenamente realizado? Como sentiremos oscilações reais em torno a esse meio (*médium*)? Seria necessário tomá-las no seio de uma dúvida real do ser humano sobre a sua própria existência; dúvida fundada no exame direto dessa existência. Acerca de uma interrogação tão instável, tão verdadeiramente penetrada de perplexidade, que, ao me perguntar: "eu sou?" aceitaria a possibilidade de responder: "não".

Insistamos. Não se deve submeter a pergunta "eu sou?" à pergunta "o que sou?". As respostas "eu não sou", ou "quase não sou" não devem significar que eu não sou eu mesmo; ou ainda, que não sou eu quem sou, mas que algo é, e nada mais faço que participar desse ser. É Deus, por exemplo, que é; ou (transposição do *Ich denke* ao *Es denkt in mir*) é o *Denken* que é. É necessário que as respostas "não" ou "quase" signifiquem que há aí, nesse lugar de onde olho, onde experimento a existência, apenas pouca ou nenhuma existência. Alhures e para outra coisa, não importa.

Para bem conceber essa interrogação terrível, que coloca verdadeiramente em questão a existência, será necessário evocar o moribundo, no campo de batalha, retomando consciência por um instante e perguntando se ele verdadeiramente existe. Tolstoi foi obcecado, literariamente, por esse dado. Mas, ou ele é literário demais, ou então indizível e demasiado trágico em sua realidade. Nós vamos preferir tomar emprestado ao folclore uma afabulação qualquer e mais cômoda.

§27 . "Um ano depois, o homem morto retornou à terra, para rever aquela que tanto havia amado. Ele retornou com sede de vingança."
Eis que ele existe novamente. Por exemplo, caminhando à beira-mar, ao crepúsculo. Ele é como um homem que acabou de sair de um estado de amnésia. Tem vagas lembranças, como de uma existência anterior. Existo verdadeiramente? Ele se pergunta: "onde estou?", "como sou?". Será que não podemos deixar essas questões para depois? Tudo ficará mais claro, se ordenará, se consolidará. Mas temos aqui indícios. Esse caminho vazio. Isso leva a algum lugar... Pressentimentos.[17]
Será isso um sonho? Questão mal colocada. Se fosse um sonho, haveria em algum lugar um homem na cama, dormindo. Me parece, diz ele, que sou um homem que anda. Areia que meus pés custam a vencer. Luzes no horizonte. Vento desvairado e cálido. É o caráter arbitrário desse dado que deixa meu espírito confuso e que, entretanto, me confirma, me impede de crer no nada... Há algo. Um mundo mal e mal determinado por alguns indícios imperfeitos e precários. Não estou compreendido, para aí me consolidar, em algum conjunto enorme e indubitável, que eu conheça e que responda por mim. Por mais que me sinta fraco e despreparado, é preciso que eu responda sozinho por esse mundo a instalar, pouco a pouco, em torno a mim. E o que há em mim? Esse amor, esse desejo de vingança. Uma missão. Fui

---

[17] Naturalmente, o leitor incomodado pela fantasmagoria pode supor que se trata em realidade de alguém com amnésia. Mas, se este se coloca realmente assim seu problema, dá no mesmo e equivale ao que procuramos: a pergunta é colocada sob as espécies concretas de uma dúvida real.

enviado aqui para alguma coisa. Sou um homem que caminha na direção de uma obra a ser executada... Eu sou, enquanto sou esse Enviado. Sou um instrumento na mão de um Deus, que me concedeu a vida ao me dar uma missão. Porém, esse Deus também tinha necessidade de mim; ele tinha necessidade desse Enviado. Sou esse enviado se encontro em mim, forte o suficiente, a vontade que legitima minha presença aqui, caminhando em direção a uma casa que percebo, que devia perceber...

Não continuaremos, longamente, com essa fábula. Imaginemos, segundo a lenda, o fantasma dentro da casa, assistindo invisível à refeição da mulher e do filhinho do outro. Sentindo, frente a esse espetáculo, pouco a pouco se dissolver e se extinguir nele o desejo de vingança; esvanecendo-se ele próprio com o canto do galo, à medida que se esvai nele o desejo de vingança que era sua razão de ser e seu ser ao mesmo tempo.

§28. Por que contar essa história de fantasma? Porque cada um de nós é, mais ou menos, a partir do momento em que se interroga seriamente sobre seu ser, esse fantasma. Porque também ele, em vez de se sentir, como de costume, compreendido e embarcado num mundo que responde por ele e o sustenta, que o impede de perguntar "eu sou?", só chega a se fazer essa pergunta por alguma razão. Qual? É que por um instante ele aceitou responder pelo mundo, ao invés de o mundo responder por ele. E logo suas forças o abandonam. Tal como um náufrago que nadou bravamente por longo tempo no início, mas tranquilamente, com grande esforço rítmico de seus braços e de suas pernas, por instinto, por ter sido treinado, porque estava preso ao elã e à realidade da catástrofe. Então, repentinamente, se dá conta de que está sozinho, nadando em um vasto oceano. E aí, no momento em que toma consciência, perde todas as suas forças e se deixa afundar.[18]

Aí se encontra todo o drama; nessa inversão do ponto de vista, sempre possível de direito, sempre efetivável de fato e a qualquer momento. Não se trata do ser humano no mundo (evitemos colocar o leitor numa pista falsa) ou fora do mundo. Não se trata do objetivo ou do subjetivo, do idealismo ou do realismo. Esses são apenas aspectos parciais ou tecnicamente especiais do problema geral e fundamental. Trata-se, para falar como os escolásticos, da asseidade ou da abaleidade como dois gêneros de existência: ser em si e por si ou ser em e por alguma outra coisa. Nessa relação entre o mesmo e o outro, que se pode discernir em todo ser e que posso discernir em mim mesmo, a responsabilidade existencial pode ser sustentada seja por um, seja pelo outro, e se reportar inteiramente a um lado ou ao outro, mudando o equilíbrio do ser.

Mas qual é esse outro? Com a asseidade, trata-se de existência própria, independente, absoluta em seu modo; com a abaleidade, trata-se de existência referida.

Nosso fantasma existia enquanto missionário de uma missão de vingança, enquanto enviado. Um homem assim se sentirá constituído existencialmente e consolidado por um apelo, uma vocação. Enviado de um Deus, esse Deus, de alguma maneira, responde por ele. Ou ainda, é o mundo que responde

---

18 Note-se aqui um ponto, cuja importância se verificará em seguida: é que uma parte desse sentimento de vacilo, de diminuição do ser, se liga precisamente a esse despojamento, a essa redução a um gênero de existência. Voltaremos a encontrar esse sentimento, já que cada modo de ser, reduzido ao que ele é intrinsecamente, aparece tênue e frágil para quem se habituou, sobretudo, a considerar complexos de existência; seres estabelecidos, ao mesmo tempo, em vários modos, correspondendo a esses modos e os reunindo em si.

por ele, o mundo sobre o qual ele se sente convocado a testemunhar. Mas quem nos garante que Deus responde por nós? Quem responderá por ele, afirmando que não estou usurpando essa missão e que ele a confirma? Não é verdade que, no fundo, sempre é a mim, de alguma maneira, e a mim apenas, que é dado, ao me interrogar sobre mim mesmo, sentir se respondo por Deus ou Deus por mim?[19] Responder por Deus ou responder a Deus? Eu respondo a Deus, se respondo ao apelo e à vocação de fora, com uma vocação interna, com uma realidade interior da vocação. E se respondo a essa vocação mal e de maneira fraca, Deus, por sua vez, cessa de responder por mim, por minha existência. Ele me abandona e o fantasma se dissipa novamente porque ele não é mais que um instrumento frágil e falho. Se falha de maneira absoluta, o fantasma se aniquila completamente, já que não era mais que isso.

Mas, de outra parte, respondo por Deus, ou pelo mundo, ou pelo objeto do meu pensamento, na medida em que Deus tinha necessidade de mim para essa missão; já que ele tinha necessidade de um forte e não de um fraco para tanto. Já que está em mim decepcioná-lo, ou não, por essa força ou essa fraqueza pessoal. E levado de volta, assim, a mim mesmo, só tenho a mim mesmo para me sustentar. É suficiente? Em todo caso, é necessário que apenas isso me sustente, isso que está aqui, pouco importa que o chame ou não de eu. É necessário que isso aqui me sustente bem ou mal, ou nada o fará.

---

[19] Pensar no problema da prece. Cf. p. ex. Ménégoz: de certo ponto de vista, o crente se pendura em Deus pela prece; ele crê em Deus. De outro ponto de vista, ele institui o divino por meio de sua prece; ele crê Deus. Dá-se o mesmo com relação à intencionalidade husserliana. De certo ponto de vista, a intencionalidade de um pensamento refere esse pensamento ao seu transcendente, a intenção acabada. De outro ponto de vista, esse pensamento institui e contém a intenção como imanente ao ato de pensar.

Seguramente, com relação ao primeiro aspecto, eu era, ao mesmo tempo, julgado e defendido. Mas isso não me dispensava do terrível poder de subverter a questão, de me considerar como causa única de minha quididade própria e, em certo sentido suportar, sustentar Deus na medida em que Deus necessita de mim. Por mim mesmo, tenho força para suportar minha missão? Referido à minha razão de ser, eu era fraco; era fraco comparado à realização, à perfeição em si dessa razão em relação à qual sou julgado. Ao pesar minha força, a força com que respondo a essa razão, sou forte ou fraco? Um e outro simultaneamente. Tenho essa força. É ela realmente força ou fraqueza? Quem responderá? Tal questão faz sentido? Sou essa força tal qual ela é, ela própria em si mesma.

Estaria assegurado de ser pela intensidade da minha alegria ou da minha dor? Tenho essa dor; ela me assegura que sou. Posso (como Cardan, aquele louco) me deleitar em me fazer sofrer para me assegurar de que sou. Existo, sei disso pela minha dor pungente. *O vos omnes qui transitis per viam, attendite et videte si est dolor sicut dolor meus!* Insensata criança, o que chamas de dor? Para que vens nos mostrar teus sofrimentos pueris? Perdeste filhos bem amados? E recusas qualquer consolo, como Rachel ou Níobe? Viste se esvair toda esperança e se desfazer todo teu orgulho? Viste a derrocada de Jerusalém para sempre? Choras, como Jesus no Jardim das Oliveiras, as lágrimas de toda a humanidade e por toda a humanidade? Tua dor será sempre fraca se a comparares, nos termos e na essência mesma de toda a dor, à própria Dor. Sim, mas esta dor é a minha, ela é para mim e, nesse instante, todo o sofrimento. O que será a dor, se esta não é uma? Não testemunho a dor mesma em sua essência, por mais fraca que seja a minha? Mesmo que se tratasse aqui de uma mágoa de criança, ela é, com sua força ou sua fraqueza; e sua força ou sua fraqueza residem nela e a constituem.

*

§29 . Sabemos, talvez, o bastante para responder, e definitivamente, desta vez, à questão colocada.

Uma dor real, referida à essência da dor, será sempre fraca. Mas, considerada ela mesma em si mesma, após essa vacilação existencial, ainda relativa, que lhe advém dessa separação do outro, de sua redução a si mesma, sua força ou fraqueza intrínsecas tornam-se constitutivas. Elas não são mais força ou fraqueza de existência; elas são força e fraqueza existentes, no interior de uma existência que elas consumam ou perfazem pelo que ela é. Como elementos integrantes ou analisáveis dessa existência, elas não dividem a existência, que resulta apenas da reunião desses elementos em uma mesma presença. A existência não é analisável. Utilizemos outro termo para aqueles que nos parecem ser os elementos de existência. Chamemo-los, por exemplo, de realidade.

§30 . Lá, no horizonte, se delineia um vapor tênue, levemente rosa, sobre o céu azulado da tarde. Deve-se ver aí a existência fraca de uma nuvem rosada ou a existência de uma nuvem fracamente rosada?

Tal é, vale notar, todo o problema da percepção. Tomemos uma árvore vista através da bruma ou uma paisagem através de uma janela embaçada ou de óculos inapropriados. Exclama de maneira ingênua Cournot: "Como assim! Interpomos entre nosso olho e os objetos visíveis, segundo a excelente comparação de Bacon, lentes que distorcem as linhas, deformam as imagens; e o que era claro, regular, bem ordenado, torna-se embaralhado e confuso. O que a interposição de lentes pode ter a ver com uma participação do nada?".[20] Evidentemente,

---

20 *Considérations*, 2 éd., t. I, p. 260.

se tomamos a árvore, nossa retina e a lente numa ontologia objetiva, não haverá nenhuma intervenção, na relação entre elas, de uma existência diminuída. É nosso percepto que, referido a uma visão-tipo, clara e distinta, se põe a participar do nada. E essa participação é uma coisa positiva, na medida em que nossa percepção confusa não se dá sem um incômodo, sem uma apetição por um *opptimum* de visão, sem apelo a um arquétipo. Mas, por sua vez, esse percepto cessa de participar do nada se é tomado em si mesmo, como visão constitutivamente desfocada e indistinta, acompanhada de tal apetição. Quando muito se dirá que, como percepto, ele não é muito real, no sentido de que é constituído por elementos mal ordenados e numa relação mal definida com uma intenção objetivante. Logo, temos três quadros ou três dados: a existência pura do próprio percepto: existência indecomponível, a ser tomada tal qual e de que se pode apenas verificar uma maior ou menor realidade. Para além dela, do lado do arquétipo ou do ideal, um modelo de percepção distinta, de que outra percepção, aquela que teríamos com lentes apropriadas, pode servir de exemplo. E aquém dela, do lado da existência física objetiva, as coisas olho, lente, árvore; coisas de que se pode, aliás, como existentes físicos, avaliar a realidade. Tal realidade será nula para a árvore, por exemplo, se, todas as correções feitas, for verificado que ela era apenas uma ilusão ou uma miragem, etc. Sem uma análise estrita e levada a fundo, nada resta em tudo isso a não ser ídolos da confusão e problemas mal colocados.

§31 . Mas voltemos a nossa nuvem. Existência fraca de uma nuvem rosada, dizíamos, ou existência de uma nuvem fracamente rosada?

No primeiro caso, estamos no domínio da existência referida, comparada. Evocamos, tipicamente, a plenitude sólida e iluminada de uma nuvem esplendida e perfeita, glória de um belo fim de tarde, e comparamos a ela aquilo que não é mais que um esboço incoativo, um fiapo de nuvem. No outro caso, trata-se do que é, e não de um arquétipo ideal e representativo. Mas também, o que é, é, e ocupa inteiramente a sua existência pura. Todavia, se podemos discernir fraquezas, carências e distorções delicadas nessa existência, tudo isso a determina e a completa pelo que ela é. Do que posso falar então é dessa tenuidade ou dessa imprecisão como lhe constituindo uma "realidade" (aqui, especialmente uma "coisalidade") pouco consistente. Pouco real agora, a nuvem será mais real quando tiver se concretizado, consolidado e constituído como revérbero eficaz de luz. Porém, a modificação dessas condições de realidade não a fará ter mais existência. Não confundamos fatores de realidade a serem analisados para cada modo de existência com pretensos fatores de existência.

Acrescentemos que a precariedade e a brevidade de certas existências, construídas de maneira precipitada e logo depois destruídas (especialmente na ordem psíquica), produzem facilmente a ilusão de uma existência fraca, ao passo que se concede, fácil mas erroneamente, um nível superior a existências longas e estáveis.[21]

§32 . Seria inútil continuar insistindo. É a propósito de cada modo de existir que é preciso considerar seus fatores específicos de realidade. Não cabe aqui discutir a maior ou menor conveniência desse vocabulário. Basta que este, conforme ao uso de alguns pensadores (não de todos: nada mais flutuante

---

[21] Retornaremos, §53 e §95, a essas ideias, assim como ao erro de atribuir uma existência mais forte ao que é, simplesmente, maior, mais vasto espacialmente. Enfim, esse valor mais alto que, frequentemente, provoca a ilusão de um existir mais intenso, será discutido no §93.

do que o uso das palavras existência e realidade)²² sirva, tão somente, para distinguir o plano dos elementos integrantes dessa integração que, só ela, constata a posse indivisível da existência. O que precisamos é ter palavras para bem descrever este fato essencial, objeto fundamental desse ponto do nosso estudo: as variações anafóricas de um ser que se eleva pouco a pouco ao seu máximo de presença.

§33 . Um monte de argila sobre a banqueta do escultor. Existência coisal (réique) indiscutível, total, completa. Porém, existência nula do ser estético que deve surgir.

Cada pressão das mãos, dos polegares, cada ação do cinzel completa a obra. "Não olhe para o cinzel, olhe para a estátua".²³ A cada nova ação do demiurgo, a estátua pouco a pouco sai do limbo em direção à existência. Em direção a essa existência que, ao final, há de fulgurar de presença atual, intensa e completa. É apenas na medida em que a massa de terra está destinada a ser essa obra que ela é estátua. De início, fracamente existente, por sua relação distante com o objeto final que lhe confere sua alma, a estátua pouco a pouco desponta, se forma, existe. O escultor, de início, apenas a pressente; pouco a pouco completa a escultura com cada uma das determinações que dá à argila. Quando a obra estará acabada? Quando a convergência estiver completa, quando a realidade física dessa coisa material e a realidade espiritual da obra a fazer estiverem unidas, coincidindo perfeitamente. De tal forma que ao mesmo tempo na existência física

---

22 O uso que fazemos aqui é, pelo menos, conforme ao vocabulário kantiano. Em outra ocasião, retornaremos à diferença entre existência e realidade para McTaggart. Cf. *Nature of Existence*, liv. I, cap. 1º, seç. 4: *Reality does not admit of degrees?*

23 Não é em vão que Espinosa, quando quer ensinar ao filósofo a diferença entre dois dos quatro tipos de *ser* que se distinguem uns dos outros nas criaturas, o envia "para algum escultor de mármore ou de madeira" (*Cogit. mét.*, 1ª p., cap. II *in calce*).

e na espiritual ela estará em comunhão íntima consigo mesma, uma sendo o reflexo especular lúcido da outra. A escultura estará concluída quando a dialética espiritual da obra de arte impregnar e informar a massa de argila de maneira a fazê-la irromper no espírito; quando a configuração física na realidade material da argila integrar a obra de arte ao mundo das coisas e lhe conferir presença *hic et nunc* no mundo das coisas sensíveis.

§34. Insistamos nisso, pois nos encontramos no cerne do problema e deveremos, no que segue, retornar a essa importante experiência do movimento anafórico, cujo ápice é uma presença existencial intensa, em relação à qual seres ou estados anteriores não são mais que esboço e preparação.

Instaurar, edificar, construir – fazer uma ponte, um livro, ou uma estátua – não consiste apenas em intensificar pouco a pouco uma existência inicialmente fraca. É, antes, colocar pedra sobre pedra, escrever uma página após outra... Criar uma obra de pensamento é fazer eclodir milhares de ideias e as submeter a relações, a proporções; é inventar grandes temas dominantes e impô-los às ideias, esses monstros rebeldes que devemos voltar a domar incessantemente. É também escolher, selecionar, descartar. E cada um desses atos comporta *um juízo*, ao mesmo tempo causa, razão e experiência da anáfora, isto é, de cada momento da aproximação progressiva de dois modos de existência. Cada nova informação é a lei de uma etapa anafórica. Cada ganho anafórico é a razão de uma nova informação proposta, pois a sucessão das operações da dialética instauradora comporta, a cada etapa, o aporte de uma nova determinação formal. Todavia, se, por um lado, essa última modifica concretamente a massa física na sua realidade, por outro, ela não aumenta, isso é evidente, a sua existência física. Ela tampouco aumenta de maneira alguma a existência deste ser puramente ideal ou virtual que é a obra idealmente determinada pelo conjunto das leis dessa dialética. O que se ordena, no fio dessa progressão anafórica, é, entretanto, o avançar em direção a uma presença intensa, em direção a essa existência triunfante que a obra acabada manifestará. Porém, essa existência crescente é feita, como se vê, de uma dupla modalidade enfim coincidente na unidade de um único ser progressivamente *inventado* no curso desse trabalho. Frequentemente não há previsão alguma: a obra final é sempre, até certo ponto, uma novidade, uma descoberta, uma surpresa. É isso, então, o que eu procurava, o que estava destinado a fazer! Alegria ou decepção, recompensa ou castigo das tentativas ou dos erros, dos esforços, dos juízos justos ou falsos. De maneira alguma é a obra um simples desabrochar ou uma simples intensificação de existência. Todos os verdadeiros criadores sabem disso. Sabem quantos juízos, decisões da vontade, retomadas também há nesse avançar em direção ao ser final, repouso e recompensa da criação. É em relação a esse ser final, cuja existência plurimodal é assim pouco a pouco realizada por uma aproximação mútua entre esses dois modos – e só é real, só é existente no fim, já que sua instauração é invenção –, que cada estado preliminar, perfeitamente real e existente em si, torna-se esboço e prefiguração.[24].

Conclusão: essa experiência anafórica, em que vemos, com efeito, variações intensivas existenciais, é inteiramente relativa a uma construção arquitetônica, em que intervêm em suas relações diversos modos puros da existência. Essa experiência é de *segundo grau* em relação à existência pura.

---

24 Daí, por vezes, essa nostalgia do estilo do esboço, que pode se traduzir pela vontade de considerar o esboço como obra perfeita. Daí, Rodin ou van Dogen. Daí, talvez venha também o lamento de alguns comentadores de Pascal: a *Apologétique* finalizada teria o mesmo valor, em intensidade e mordacidade, que os esboços representados pelos *Pensées*?

Será necessário verificar, posteriormente, se os problemas de segundo grau podem ser tomados como problemas de existência ou se comportam, necessariamente, a intervenção de uma noção de sobre-existência. Em todo caso, no primeiro grau, no qual encontramos existências puras e especificamente diferentes, estamos no domínio da existência perfeitamente pronunciada. Como verificaremos mais adiante, ela corresponde a esse ajuste de um ser em um plano determinado de existência, sem o qual não há, verdadeiramente, existência. Nesse domínio da existência pura, a instância eleática é perfeitamente válida.

E isso responde a essa dificuldade: daí que se possa tratar de maneira diferente a existência, encerrada em seu primeiro grau, e as sub-existências ou sobre-existências que podemos supor abaixo ou acima. Estas colocam em jogo (o que define o segundo grau) a existência plurimodal, isto é, a combinação complexa que coloca em relação diferentes modos distintos de existência. O segundo grau supõe e exige o primeiro, e não inversamente. Era o que queríamos mostrar.

§35 . Essa validade da instância eleática explica ainda outra coisa: que não sejamos capazes de perceber a entrada ou a saída na existência pura. Mas, no fundo, isso é bom. Isso implica que, para um ser, particularmente para nós humanos, o esforço em direção à intensidade de realidade se mantém nos limites do que nos concerne, sem que tenhamos que nos demorar nesta dificuldade: para existir é necessário agir, mas, para agir, é necessário existir. Os deuses, como diz Paul Valéry, nos dão de graça o primeiro verso. É o que faz a verdade deste grande fato: todo ser se encontra inicialmente em uma dada situação que não depende dele recusar ou aceitar. Isso é constitutivo da existência. Mas há ainda algo a fazer.

§36. "Se você quer ter o ser", diz Mefistófeles ao Homúnculo, "exista por suas próprias forças".

Que seja. Mas podemos, também, existir pela força de outrem. Certas coisas – poemas, sinfonias ou pátrias – não possuem acesso à existência por si mesmas. Para que sejam, é necessário que o ser humano a elas se devote. E, talvez, nesse devotamento, pode ele, de outra parte, encontrar uma verdadeira existência. Seja como for, o existir designa e constata esse sucesso (do ser ou de seu sustentáculo) na medida em que é atingido.

Teremos que nos ocupar, posteriormente, dos problemas concernentes à região onde a existência prospera acima de si mesma; problemas relativos ao segundo grau de existência e dominados pela questão sobre como um ser pode ser o mesmo e corresponder a si mesmo através dos diferentes modos de existência, dos diferentes planos nos quais, para existir, é necessário que ele esteja ajustado e realizado. No momento, precisamos localizar e estudar esses diferentes planos, esses diferentes modos de existência, sem os quais não haveria existência alguma; como também não haveria Arte sem as estátuas, os quadros, as sinfonias, os poemas. Pois a arte é o conjunto de todas as artes. E a existência é cada um dos modos de existência. Cada modo é, por si só, uma arte de existir. Assim é para cada um deles, como para as diferentes artes na ordem estética. Não está excluído que haja sínteses: a poesia, a dança, a mímica, até a pintura, com o cenário, podem colaborar no teatro. Tampouco os "purismos" existenciais invalidam as tentativas de síntese. Porém, a existência pura se basta, apesar da aparência vacilante e tênue a que nos reduz quando a ela nos reduzimos. Quanto à própria experiência das variações intensivas, ao implicar a pluralidade dos modos de existência, ela a atesta inelutavelmente.

III . OS MODOS ESPECÍFICOS DE EXISTÊNCIA

SEÇÃO I . *O fenômeno; a coisa; ôntica e identidade; universais e singulares. O psíquico e o corporal; o imaginário e o solicitudinário; o possível, o virtual; o problema do numenal.*
SEÇÃO II . *O problema da transcendência. Existir e comparecer (em juízo). Existência em si e existência para si. A transição.*
SEÇÃO III . *Semantemas e morfemas. O evento; o tempo, a causa. A ordem sináptica e a cópula. É possível um quadro exaustivo dos modos de existência?*

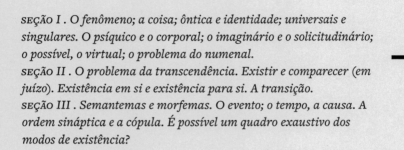

SEÇÃO I

§37 . O status fenomênico é provavelmente, entre todos os status existenciais, o mais evidente, o mais manifesto. Manifesto tanto em sua existência quanto em sua essência (que são inseparáveis), ele é, talvez, o manifesto em si.

Ele é presença, fulgor, o dado que não se pode rejeitar. Ele é e se diz pelo que é.

Podemos decerto trabalhar para exorcizá-lo dessa irritante qualidade de "presença por si". Podemos denunciá-lo como tênue, lábil e fugaz. Mas não seria isso, simplesmente, a confissão de derrota frente a uma existência pura, de um só modo? Podemos postular, a propósito do fenômeno e por trás dele o estável, o subsistente, o suporte. É ele que atesta esse suporte. Não somente o atesta, mas o coroa e o recompensa.

Ele é sanção existencial, a mais desejada de todas. Uma técnica do fazer-aparecer, que instrui dialeticamente tanto a experiência do físico quanto a do místico, é uma arte de acoplar ao fenômeno uma ôntica qualquer. Assim, de manifesto, o fenômeno se torna manifestação; de aparência, aparição. Todavia, isso ocorre quando o fenômeno compartilha a si mesmo com o seu suporte, quando lhe confere o que tem de indubitável patuidade (*patuité*). Tal é a generosidade do fenômeno.

Trata-se propriamente de um acoplamento, de um encontro? Pode-se sustentar que a existência fenomênica é a existência em patuidade. Existência em estado lúcido, esplêndido ou manifesto. O pretenso encontro com o fenômeno seria então a passagem da existência obscura à existência manifesta: uma conflagração, uma incandescência espiritual do ser. Desconfiemos inclusive do preconceito que tomaria a existência obscura como basal (*bathique*) e necessariamente anterior à existência luminosa. Não esqueçamos que esse ser obscuro é apenas inferido. Não esqueçamos que, dentre essas duas existências, apenas o ser revestido ou urdido com luz presencial (o fenômeno é isso) pode ser considerado como imediatamente incontestável.

Tal constatação nos subordina ao que se denomina fenomenismo? De maneira alguma. Quer se trate de David Hume ou de Renouvier, os fenomenistas, ou fenomenalistas,[1] sustentam

---

[1] A palavra fenomenista parece ter, sobretudo, uma significação existencial, já a de fenomenalista, uma significação crítica (v. *Vocab. Hist. et crit.*, s. v.). R. Berthelot atribui a Renouvier o primeiro emprego da palavra fenomenismo em francês, mas isso não parece exato. Até onde sei, o primeiro a empregar esse termo foi Mérian: *Sur le phénoménisme de D. Hume*, in *Memoires de l'Acad. de Berlin* (em francês), 1793. Mérian, de resto, repudia o fenomenismo e toma emprestado de Lambert, para seu uso, o termo fenomenologia. Quanto ao verdadeiro instigador do fenomenismo, ele foi, sem dúvida, Arthur Collier, com a sua *Clavis Universalis* (1713, reimpressão de 1837). Mas ele não emprega o termo e não exerceu influência séria. F. Olgiati, em seu *Cartesio* (Milão, 1934), toma o fenomenismo como uma das três atitudes cardinais da

que, para além do fenômeno, não há existência verdadeira ou garantida. Estamos, portanto, aqui, distantes do fenomenismo. A existência do fenômeno não exclui a possibilidade dos outros modos. Além disso, podemos perguntar se há alguma filosofia que negue a existência ao fenômeno. Até mesmo o platonismo faz questão de "salvá-lo". Mesmo o senhor Maurice Blondel, para quem a "existência" não passa de "um aspecto extrínseco do ser inviolável", se recusa a crer que, "de um lado, se encontra todo o fenômeno e, do outro, todo o subsistente" – e a negar que "o universo das aparências é, ele próprio, real, sólido, bom". Ele "constitui, diz Blondel, uma realidade".[2]

§38. Onde começam as dificuldades então?

Algumas são teóricas. O fenômeno não basta, verdadeiramente, a si mesmo? É isolável? Não implica outra coisa para além dele? E não apenas a substância e o suporte, segundo a tradição jônica, mas também a intencionalidade e a essência de uma parte e, de outra, a subjetividade, o Eu testemunha?

Outras dificuldades são práticas. Isto é, dizem respeito à prática efetiva do pensamento. Não é fácil isolar o fenômeno, reduzi-lo a si mesmo para experimentá-lo puramente.

§39. À minha frente, árvores floridas fulguram sobre o fundo de um céu azul e de um prado verde. Frescor e autoridade das cores, que se apoiam umas nas outras, ao mesmo tempo em oposição e em harmonia; fulgor do branco róseo sob o sol; desenho patético de um pequeno e solitário ramalhete na extremidade

---

filosofia, ao ponto de colocar Descartes entre os fenomenistas simplesmente porque ele não se encaixa nas outras teses; modo de pensar que exige reservas.

2 *L'Être et les êtres*, p. 18, 30 e 53. Santo Agostinho, que o senhor Blondel conhece bem, já o havia dito. V. *Contra Acad.*, III, 24-26; e *de Vera Rel.*, 62.

de um galho recortado sobre o azul turquesa do céu. Tudo isso não nos obriga a admitir, forçosamente, que há real?

Sim, mas sabemos também há muito tempo – para além do que há de conceitual na percepção, que compreende toda sensação – o que há de relativo e diferencial no próprio sensorial. De maneira mais profunda, não deveríamos convir, prontamente, que a chave dessa intensidade de presença do espetáculo referido residia na harmonia, na estrutura, na arte essencial deste *Dreiklang* em azul, verde e rosa? Em suma, não residia ela em um princípio espiritual, cuja própria perfeição leva à sua solidez presencial e assegura a realidade desta? O conteúdo sensível desse conjunto pode ser colocado entre parênteses: é sua arquitetônica – puro princípio formal – que pode ser guardada à parte e considerada como a alma e a chave dessa patuidade indubitável.

Aliás, não deve ele, ainda, o seu brilho, esse complexo luminoso e vernal, ao contraste que o opõe aos tons cinza do inverno, ainda presentes na minha memória? "Esperei muito esta primavera! Quase duvidei que ela ainda podia vir". Se ela triunfa agora, é como uma vitória sobre a dúvida e a ausência. Se ela diz que a beleza do mundo não é uma palavra vã, é porque testemunha contra essa dúvida. Assim, seu testemunho demanda e supõe essa mesma dúvida. Força enfim liberada; ser enfim realizado. É sobre o fundo obscuro de toda essa ausência que esse ser se destaca. Outro jogo de relações afetivas e conceituais, que contribuem ainda ao seu brilho e à sua significação. O que seria essa significação sem mim, para quem tudo isso se significa? Quem diz espetáculo não diz espectador?

§40. Para tudo isso, que não pode ser contestado, há uma única resposta: operar efetivamente essa redução existencial, antítese exata da redução fenomenológica, e que exige, como já vimos (cf. §28), uma difícil inversão. Que, de resto, deslizes existenciais e ligações morfemáticas conduzam do fenômeno puro a outras realidades em outros modos, é outra questão. Podemos, inversamente, centralizar toda essa sistemática no fenômeno puro e nos instalar nesse centro, para senti-lo suporte e fiador de todo o resto. Nisso consiste se colocar no ponto de vista do fenômeno.

Pois a dialética fenomenológica coloca entre parênteses o próprio fenômeno, em sua presença real e sua imediatez, para conservar e observar apenas, explicitando e realizando à parte, exteriormente, o que o fenômeno implica e exige do que vai em direção a outra coisa que não a ele mesmo.[3] Nesse sentido, onde menos podemos procurar o fenômeno é em uma fenomenologia. *The darkest place is under the lamp*, como diz Kim.

É verdade que confundimos nossa mente ao dizer que o fenômeno implica... que ele demanda... que ele supõe... Pois ele não existe independentemente do que o cerca, o instrui, do que se liga a ele, sem o que ele não existiria. Mas esse é o efeito de um pensamento bastardo, no qual procuramos o fenômeno dele nos afastando indevidamente. Supomos o fenômeno dissecado. Exangue, nós o cercamos com seus órgãos. Para quem o toma em sua vida, o fenômeno coloca suas intenções e outros fatores de realidade no estado fenomenal. Podemos seguir, em sua irradiação, as suas vecções (*vections*) de apetição, suas tendências em direção ao outro, enquanto ainda permanecem feitas da matéria do fenômeno. Assim, o Eu é fenômenico não por ser ainda insuficientemente constante em transcendência, mas porque há no fenômeno alguma forma do Eu.

---

3 Isso foi bem evidenciado, muitas vezes, por F. Heinemann. Cf. seu Leonardo da Vinci, *Rev. phq.* 1936, II. p. 365-366 ou ainda: *Les problèmes et la valeur d'une phénoménologie comme théorie de la réalité; Être et apparaître.* Congr. Internat., 1937, t. X. p. 64 sq.

É uma forma de egoidade, uma assinatura, se quisermos, mas no sentido em que o fazer e o estilo intrínseco de um quadro podem ser considerados a assinatura de um mestre.

§41 . Quanto à dificuldade que resulta do caráter relativo da sensação, ela é ainda menos considerável.

Primeiramente, ela prova uma coisa: que a sensação pura, se pudéssemos isolá-la, não seria fenomênica. Paradoxo aparente, clareza real. A sensação em geral, precisamente porque está compreendida na percepção, é um exemplo muito ruim do fenômeno. Está longe de ser seu modelo e seu tipo perfeito. Ela não é mais que uma espécie bastante impura, na qual o fenômeno, comprometido com uma construção complexa, é difícil de discernir. Há fenômeno também no afetivo, que é, talvez, seu caso mais típico, e nas experiências mais abstratas ou mais indizíveis do pensamento, longe de todo funcionamento dos sentidos.

Na sensação, o caráter fenomênico é muito intenso, mas muito misturado. As sensações são, de alguma maneira, a algazarra do fenômeno, enquanto que as inumeráveis e delicadas nuances das essências sentimentais ou os fulgores sombrios, os lampejos vagos sobre o fundo de trevas do pensamento puro, da meditação moral ou filosófica, ou mesmo da experiência mística, são as suas notas musicais e seus acordes.

§42 . Tudo isso prova ainda que há alguma ingenuidade em conceber o fenômeno puro como sendo necessariamente simples, como um átomo qualitativo. Simplicidade e pureza não são sinônimos. O caso do fenômeno ao mesmo tempo puro e simples, tal como o procuramos na sensação pura, é um caso extremo em que são satisfeitas exigências diferentes que não estão necessariamente ligadas.

Tampouco devemos nos apegar demais à ideia do qualitativo como aquilo que define o fenômeno, embora, com efeito, o fenômeno seja essencialmente qualitativo. Pois correríamos o risco de opor o fenômeno, de maneira inconsiderada, ao quantitativo. Ora, há fenômenos do quantitativo que são, se quisermos, o qualitativo do quantitativo. O que é ter o sentido do ritmo, por exemplo, senão sentir isso? Porque o qualitativo do fenômeno não exclui o quantitativo, não exclui também a pluralidade com toda a sua arquitetônica. Sentir a qualidade própria de um curioso acorde musical, no que tem de inefável e único, não impede, de maneira alguma, sentir nele essas delicadas relações e todo esse número cujo edifício se completa e se exprime em, por e com essa qualidade.

§43. Portanto, quanto a essa arte imanente ao fenômeno, de que falávamos anteriormente e que essas ideias de acorde e arquitetônica reavivam, pode ser, com efeito, que o fenômeno lhe deva todo seu fulgor. Mas ele o deve não à arte abstrata que podemos isolar por comparação e indução generalizante, mas à arte concreta que está efetiva e singularmente em obra na sua existência presente. Essa arte é a lei do fulgor do fenômeno, a alma de sua presença e de sua patuidade existencial. Afirmá-lo à parte é simplesmente, já por alguma abstração, distinguir no fenômeno existente sua existência e seu ser, mas não referi-lo a algo de outro que não ele mesmo.

Se, por exemplo, considerarmos menos esses fenômenos cuja exterioridade (como no caso do sensorial) produz ainda impureza e dificuldade do que uma fenomenalidade interior imanente e intrínseca; se considerarmos o que é, para uma alma ou uma personalidade humana, existir fenomenalmente, isto é, em um estado lúcido, esplêndido ou fulgurante ("Ah, como ele fulgurou para os espíritos!", diz Pascal), seja para outrem, seja para si próprio, veremos que possuir tal existir equivale à prática efetiva dessa arte que constitui um ser no próprio plano do lúcido e do fulgurante; não sem essa habilidade e esse saber, não sem essa maestria exigida para a vitória sobre as sombras, a conflagração e a incandescência integral do ser, fatos constitutivos desse modo de existência.

§44 . Poderíamos insistir em alguns pontos interessantes se a orientação geral de nosso estudo o admitisse. Por exemplo, no caráter discreto e fechado sobre si, estelar e limitado microcosmicamente, do fenômeno; em sua relação com o instante (ele tem signos locais, imanentes, base da determinação do *hic* e do *nunc*); no aspecto do mundo fenomênico (do pleroma dos fenômenos: *Maya*), como conjunto de *pontos de lucidez* cósmicos; na presença do Eu nesse conjunto, simplesmente como assinatura ou signo pessoal de alguns desses pontos, formando eles mesmos um conjunto; na possibilidade de *fenômenos comuns*, marcados, ao mesmo tempo, por assinaturas egóticas diversas, podendo, portanto, pertencer a eus diferentes, que comungam entre si sob essas espécies; e, de maneira mais geral, no fato de que os fenômenos se agenciam entre si, que seu pleroma é harmônico. Mas esse último aspecto suscita questões relativas ao seu agenciamento mediato, segundo outras entidades e outros modos de realidade.

§45 . O que mais importa por enquanto é ter corrigido erros suspendendo momentaneamente alguns hábitos. Insistimos que para apreender a existência fenomênica é necessário evitar, antes de tudo, conceber o fenômeno como fenômeno *de* alguma coisa ou *para* alguém. Esse é o aspecto que o fenômeno adquire quando, tendo abordado a consideração da existência por alguma outra modalidade, o encontramos *après coup*, por exemplo, em seu papel de manifestação;[4] ou ainda quando, tendo-o tomado como ponto de partida, procuramos (como os fenomenólogos), operar um desvio em direção a outras existências, reportando o pensamento e a experiência ontológicos aos fixadores morfemáticos que são solidários ao fenômeno e nos levam dele a outros modos. Só o concebemos bem em seu teor propriamente existencial quando o sentimos sustentando e afirmando por si mesmo aquilo que pode se apoiar e se consolidar nele, com ele e por ele. É a esse título que ele aparece como um modelo e uma medida-padrão de existência. É sob esse aspecto que procuramos mostrá-lo.

Agora, cabe perguntar: o que ele se torna quando é posto em relação com outros modos? Conserva o fenômeno então sua própria essência? Esta permanece inalterada quando ele serve de termo de referência e de atestação última a um ser que se encontra em outro modo? Sua existência, que foi primeira aqui simplesmente porque o estudo do existir começou deliberadamente pelo fenômeno, guarda alguma primazia, a título de *ultima ratio* de existência, para os outros modos? É preciso, necessariamente, referi-los a ele? Podemos conceber seres que não tenham relação alguma com o fenômeno? Tais são os problemas que devem ser abordados agora. É por meio da ideia de coisa que podemos abordá-los com mais facilidade.

*

§46. O que é, exatamente, uma coisa? Tal questão foi bem explorada na filosofia, quando tratada a partir do fenômeno.[5] E

---

4 É o que acontece com McTaggart. Cf. *Nature of Existence*, liv. II. cap. XIII: *Manifestation*.

5 V. especialmente: Hume, *Traité de la nature humaine*, liv. I, IV Partie, cap. II; tr. David, p. 254; Kant, *Critique de la raison pure*, Erdm., 5 ed., p. 200; tr.

há concordância quanto ao essencial. Seja quando se considera a coisa como um sistema de fenômenos particularmente sensoriais e mais ou menos hierarquizados pelo primado de um sentido, geralmente o sentido do tato (sistema estável, no que tem de essencial, e capaz de reaparecer inalterado); seja quando procuramos esse essencial e esse estável para além do fenômeno. As qualidades sensíveis nada mais sendo que uma ilustração variável, ou uma aproximação, e nada permanecendo, necessariamente, idêntico nelas. Nesse caso, o primado, chave dessa hierarquia, é estabelecido em um plano distinto daquele do fenômeno, a menos que se trate, por exemplo, de um fenômeno da forma, ou da estrutura, ou ainda da associação e da ordem. Em todos esses casos, é a identidade da coisa, em suas diversas aparições, que define a própria coisa e a constitui. Há acordo sobre o caráter sistemático da coisa e sobre aquilo que a caracteriza especificamente, ou seja, o fato de permanecer numericamente uma em suas aparições ou utilizações noéticas. O desacordo se dá somente acerca dos elementos fundamentalmente compreendidos no sistema e sobre a natureza da ligação entre eles, bem como sobre sua hierarquia e sobre a natureza do elemento que, de maneira piramidal, é dominante.

Tremesaigues, p. 211; Meinong, *Ueber die Stellung der Gegenstandstheorie im System der Wissenschaften* § 15; Bradley, *Appearance and Reality*, 2 ed., p. 73; Husserl, *Formale und transcendentale Logik*, p. 138; e J. Nicod, *La géométrie dans le monde sensible*, p. 99 (aplicações interessantes das ideias de Russell e Whitehead). V. também Frege, citado por Brunschvicg, *L'expérience humaine et la causalité*, p. 481. Quanto a Gonseth, *Les mathématiques et la réalité*, é a propósito da "física do objeto qualquer" (v. especialmente p. 164) que ele entra nesse acordo geral. Mas seus fins (aos quais retornaremos) são diferentes: trata-se para ele, sobretudo, de indicar estágios diferentes (no que poderíamos aproximá-lo do geneticismo de Baldwin) supondo um tipo de recomeço sucessivo do mesmo status estrutural para "o objeto aristotélico", "o objeto goethiano", "o objeto brouwériano", etc. Mas deve-se tomar cuidado, no meio de toda essa documentação, com a confusão e a flutuação que se produzem, em certos autores, entre as noções de coisa e de objeto.

Somente Whitehead sustenta que não é preciso sistematização, e que um único *quale* pode ter o caráter coisal *(reíque)*, desde que subsista idêntico em suas diferentes encarnações ou aparições. Em tal caso, a identidade numérica é suficiente para caracterizar o status coisal *(reíque)*.

Lotze assimilou essa identidade àquela, inteiramente subjetiva, do eu. O que gera uma dificuldade: a identidade do objeto físico comporta dois aspectos, um de presença imediata, o outro de presença distanciada ou inferida (a *presença remota* de Baldwin), enquanto que o eu é geralmente suposto sempre presente a si próprio. Só o inconsciente poderia ser, e é por vezes, considerado como uma presença remota do eu. Podemos restabelecer assim a unidade por intermédio da suposição de que há continuidade nos eus estrangeiros ou exteriores e, somente em seguida, por analogia, supondo-a nos objetos não psíquicos.

Outra dificuldade: *quid* dessa presença distante, ou não aparente? Não é ela, por vezes, entre as aparições da coisa, não existência inaparente, mas destruição, inexistência?[6] Talvez isso dependa da natureza das diversas coisas. As teorias da apocatástase e da palingênese admitem a possibilidade de uma reconstituição sem identidade. A ideia de uma reconstituição com identidade, mas sem existência no intervalo, é aplicada, pelo dogma católico, à ressurreição da carne. Ela foi aplicada às próprias almas entre a morte e o juízo final por Milton.[7] As teorias comuns da coisa física negam que ela alguma vez se dissipe de maneira temporária, mas admitem unicamente a

---

6 O melhor exemplo é o modo de existência da obra musical (ou teatral); ela não tem nenhuma presença latente ou obscura entre suas teofanias, suas execuções. Leonardo da Vinci se afligia com a obra musical por essa pretensa inferioridade de status com relação às outras artes. "A infortunada música, dizia, morre de imediato."

7 V. *Traité de la doctrine chrétienne*, p. 280, citado por Saurat, *La pensée de Milton*, p. 153.

inexistência *a parte post* e *a parte ante*: as coisas têm um começo e um fim. A ideia de maturação, a ideia de em-potência negam parcialmente a inexistência *a parte ante*, supondo um estado de existência latente, prévio à emergência, em um lapso de duração que de resto é insuficientemente definido. Leibniz negou, absolutamente, a possibilidade de qualquer existência temporária dos seres, e a ideia de existência latente é, por ele, reconduzida à de existência microscópica (v. por ex. teoria da pré-formação dos germes). A teoria da fixidez das espécies faz a coisidade (*réité*) assim entendida incidir não sobre um indivíduo, mas sobre a espécie, admitindo que nada de novo nessa ordem pode aparecer entre a criação universal e um fim escatológico, seja este específico para cada espécie, seja universal. Segundo os massoretas, o Leviatã existe atualmente e desde a origem do mundo porque ele será necessário na noite do Juízo para o grande repasto em comum dos eleitos (v. Samuel Bochart em seu *Hiérozoïcon*). Essas divergências correspondem menos a filosofias diferentes que a esforços para diversificar um mesmo estado coisal de acordo com os casos singulares, seres físicos ou psíquicos, animados ou inanimados, etc. Em breve veremos a importância dessa constatação.

§47 . Quanto à identidade, ela tem sempre a mesma natureza. Ela é uma comunhão consigo mesmo, uma indiferença ao posicionamento e à repartição espaço-temporal, de que o estado de existência latente, ou de presença remota, é uma consequência posterior.

Tomemos o caso mais simples: aquele em que, de todas as aparições de uma mesma coisa, podemos fazer um discurso numa mesma linha temporal (é a "ordem *chronal*" de Leclère e Michel Souriau, "Introd. au symbolisme mathém.", *Rev, phq.*, 1938, I, p. 366); comparemos esse discurso a uma fita sobre a qual se encontrariam bordados aqui e ali, motivos ornamentais semelhantes. Podemos dobrar a fita de maneira a fazer coincidirem, e mesmo se interpenetrarem (se a fita for de pouca espessura), esses motivos semelhantes que, no fim das contas, são apenas um único e mesmo ser. Desdobremos, estendamos em linha reta a fita: esse ser se encontra separado de si próprio e distribuído, de maneira plural, aqui e ali sobre a fita. Mas nossa fita pode permanecer dobrada. Um observador perfeitamente limitado, constrangido a segui-la de maneira linear, encontrará repetidamente esse motivo, sem saber que ele forma um único e mesmo ser. Suponhamos que, no lugar de um motivo, se tratasse de uma agulha atravessando a fita dobrada: nosso observador discursivo acreditará reencontrar, a intervalos mais ou menos regulares, agulhas semelhantes, ou múltiplos buracos, sem saber que há apenas um único e mesmo buraco e uma só agulha.

No lugar de uma fita, suponhamos uma vasta folha de papel amassada ao acaso e atravessada pela agulha. Uma vez desamassada, a folha estará crivada de buracos ao acaso. Não obstante, há apenas um buraco, uma agulha tendo atravessado a folha em linha reta, a despeito dessa dispersão fortuita e desses intervalos na folha.

A existência coisal é como a unidade do buraco ou da agulha. Como modo puro de existir, o modo coisal é presença possessiva de si mesmo nessa indivisão, presença indiferente à situação aqui ou ali em um universo estendido e ordenado segundo o espaço e o tempo. Está aí sua base de existência. Enquanto arte de existir é a conquista e a realização, a possessão efetiva da presença indiferente à situação. Os aspectos diversos, as presenças separadas dessa entidade una resultam de uma confrontação posterior com a diversidade fenomenal. Dessa separação posterior resulta a distensão de sua unidade entre essas manifestações múltiplas, distensão que constitui o estado de existência latente ou de presença distante. No caso da identidade do eu, senti-la é sentir o modo próprio de existência do ser idêntico: ou este não existe, ou existe dessa maneira.

§48. Mas, como já dissemos, tudo se diversifica segundo diferentes especificidades ônticas. Quais as consequências disso para tais especificidades, para as entidades racionais, os seres vivos, as coisas físicas, etc.?

Nada mais simples que o status das entidades racionais, dos seres abstratos, dos sistemas russellianos, tais como: determinado ser geométrico, certo teorema, etc.[8] Eles não têm, com efeito, nenhuma outra condição a preencher afora aquelas que acabamos de enumerar. O triangulo equilátero em si é a essência una de diversas aparições fenomenais, de triângulos concretos que podem estar distribuídos, ao acaso,

---

8 Sobre o caso das existências matemáticas, consultar particularmente Oskar Becker, *Mathematische Existenz*, Halle, 1927; onde o problema é abordado sob o mesmo ângulo que reencontramos aqui. Ver também, naturalmente: Pierre Boutroux, "L'Obectivité intrinsèque des mathématiques", *Rev. de mét. Et mor.*, 1903, p. 589; Milhaud, *Condit. et lim. de la cert. Log.* (not. p. 150); Brunschvicg, *Étapes de la philos. math.*; Chaslin, *Ess. s. le mécan. psych.: des opér. de la math. pure*, not. p. 176, 234 sq., 239, 249, 275; B. Russell, *Introd. à la ph. math.*; Husserl, *Philos. de l'arithm.*; Meyerson, *Explic. Dans les Sc.* (e Lichenstein, La Ph. des math. selon E. Meyerson", *Rev. phq.*, mars 1923); além disso, Couturat, H. Poincaré, Winter, Gonseth, etc. As principais dificuldades são: 1) Pode a existência matemática (como tende a pensar Couturat) ser reduzida a um conjunto de convenções operatórias? 2) Tendo a existência sido acordada aos seres matemáticos, deve ela ser situada no status coisal, ligado a um gênero especial de experiência? Ou então, 3) é necessário concebê-la como uma existência ideal transcendente? As considerações que encontraremos posteriormente visarão, sobretudo, o problema da passagem da segunda para a terceira dessas opiniões e sua legitimidade; o caso dos seres matemáticos sendo apenas um caso particular em um problema geral. O que estamos discutindo aqui é apenas o status coisal dessas entidades; o problema de sua existência *racional* ou *transcendente* ficando reservado para mais tarde.

no mundo, e separados uns dos outros, como estão distribuídos ao acaso os seres humanos que participam de uma humanidade em comum, idêntica em todos eles; sem que tenhamos que nos preocupar com qualquer presença remota ou existência latente da humanidade entre essas encarnações diversas. Pensemos na folha de papel amassada ao acaso de que acabamos de falar.

§49 . Em contrapartida, tudo se complica quando se trata de coisas singulares, por exemplo, não da essência do ser humano universal, mas da de Sócrates ou de Durand.

Sócrates ou Durand correspondem, *de início*, integralmente às condições que acabamos de apontar. Há uma socratidade ou uma durandidade que faz com que suas diversas aparições fenomenais se comuniquem entre si. São aparições de um mesmo ser, segundo o modo de existência que acabamos de definir.

Mas elas obedecem, *ademais*, a muitas outras condições.

Durand não tem ubiquidade espacial. Sua presença nesta calçada parisiense exclui sua presença em Carpentras ou em outro lugar qualquer neste mesmo momento. Ele tem um álibi. Na ordem das coexistências, ele não é "repetível", para falar como J. Ulmo. Sua ubiquidade é restrita à ordem *chronal*. Não é mais a folha amassada de antes, é a fita linear pregueada.

Além disso, é necessário que essas aparições obedeçam a certa ordem, característica das coisidades viventes. As presenças de Durand devem mostrá-lo não ora velho ora jovem, ora com cabelos castanhos e ora com cabelos brancos, sem ordem. Devem compor uma história conforme a certas leis que são o lote da condição humana. Mais do que isso, a própria presença remota é determinada de maneira bem particular. Não estar nunca em dois lugares ao mesmo tempo é triste. Estar sempre em algum lugar é uma condição ainda mais dura. Suas presenças distantes devem se submeter à lei de certas condições práticas de verossimilhança, como o deslocamento a uma velocidade plausível (ele não estava esta manhã em Pequim), etc.

E tem mais. Decerto, é sempre possível ordenar os fenômenos de um ser de maneira racional. Todo conjunto pode ser posto em ordem do ponto de vista de um único caráter. Durand, mais ou menos jovem ou velho, essa é a lei de uma ordem *chronal* simples. Mas é necessário que, nessa história, os acessórios, o irmão de Durand, seu cachimbo e seu lenço, não apareçam de maneira desordenada, descontínua, absurda.[9] Todas essas "histórias de coisas" (como dizia Rignano) são paralelas e mediadas por uma ordem comum. Há um universo das coisas.

§50 . Tudo isso tem, de resto, um caráter claramente empírico. O pensamento, que provavelmente traz aí, *a priori*, a necessidade dessa ordem, não traz a solução, nem o conhecimento do gênero de história que convém a cada ser, nem, sobretudo, a certeza, *a priori*, do sucesso da harmonização quase total do cosmos das coisas. De fato, a história da Representação (é uma lástima que ninguém jamais a tenha escrito) testemunha o vagar dessa harmonização, obtida, geralmente, por eliminação (ou transferência ao imaginário) daquilo que não se enquadra nesses sistemas de condições, que se tornaram cada vez mais estritos e exigentes. Certos fatos ocupam,

---

9 Existe uma arte especial, em verdade muito inferior (a do "ilusionista", do prestidigitador) que visa a criar, para a percepção concreta do espectador, histórias de coisas contrárias em aparência aos condicionamentos normais. Ela toma emprestado por vezes seus modelos à estilística dos sonhos (cf. par ex. David Devant, *Secrets of my Magics*, tr. fr., 1928, especialmente p. 84). As condições e as significações dessa arte fornecem uma boa matéria para o filósofo refletir.

no momento atual, uma significação prerrogativa no pensamento filosófico ou científico sobre esse tema. Tais são, em particular, aqueles que concernem aos seres microfísicos. Sabemos que as famosas "relações de indeterminação" de Heisenberg indicam o acesso a uma região onde certas condições, como a possibilidade perpétua de atribuição de uma posição a um corpo, começam a não poder ser cumpridas. O significado desses fatos, qualquer que seja a sua repercussão filosófica, é bem claro. Eles significam simplesmente a escapada da coisa elétron para fora do status da existência coisal tal como esse status se define para as coisas que pertencem ao domínio indiviso da experiência vulgar e da técnica normal do físico. É por isso que essa coisa cessa, como diz F. Gonseth, "de existir sem reticências" (*Les math. et la réal.*, p. 157). Por vezes, a partir disso, conclui-se erradamente que a coisidade não é, portanto, mais que um mero "preconceito macroscópico" (ibid., p. 158). Se, com a palavra preconceito, queremos dizer fantasma, erro, ídolo, em que sentido é a coisidade preconceito? É verdade que, com frequência, acreditamos ser o pequeno mais real que o grande; e que é falso para o grande o que não é aplicável até o pequeno. Mas é aí que se encontra o preconceito. É preciso notar, simplesmente, que aqui o status coisal atinge os limites de seu distrito, de sua ontologia regional. Será preciso com isso concluir (J. Perrin, Langevin) que os novos entes tomados nessa escala ultramicroscópica tornam-se então "seres racionais"? Em todo caso, é inteiramente necessário levar em conta a observação de que "o universo número 2" de Eddington, que é o desses entes, permanece suspenso no universo número 1 e que, "na realidade dos infusórios, das bactérias, da agitação molecular revelada pelo movimento browniano, há o microscópico" (J. Sageret, "La Physique nouvelle", *Rev. phq.*, I, p. 195).

Não esqueçamos, portanto, o caráter empírico, e mesmo técnico (prático, ou científico), desses sistemas de condicionamentos e do cosmos que cada um deles define. Quando falamos de "ser-no-mundo" (*être-dans-le-monde*), é preciso entender que falamos de *ser-em-um-certo-mundo* (*être-dans-un-certain-monde*).¹⁰ Já que esses condicionamentos definem, correlativamente, por adaptação mútua e acomodação recíproca, um cosmos e uma classe de existentes. Tal cosmos é um pleroma de existências coisais especificadas, harmônicas em suas histórias, em seu cânone de conjunto.

§51. Esse status coisal, tão importante, não supõe ainda algo a mais? Sim, tal como acabamos de ver, ele comporta, indubitavelmente, o pensamento. Porém, o comporta de que maneira? Isso requer uma atenção cuidadosa.

O pensamento aparece aí três vezes: como liame do sistema, como consciência da existência una na identidade e como agente nos acomodamentos e seleções que modelam o cosmos.

Esse último ponto é exterior, posterior, não residente. Ele mostra simplesmente o esforço do pensamento humano para conhecer e ordenar de maneira racional um conjunto de seres, do qual a maior parte é objetiva para o pensamento e constitui uma experiência: esse conjunto relacional é um dado. Mas os dois primeiros pontos devem ser entendidos como imanentes. Não há neles a figuração, pelo pensamento, de um ser a parte, seja prévio, seja posterior. É por meio do pensamento que a existência coisal se constitui, mas o próprio pensamento se constitui também na existência coisal, reside nela, opera nela. O pensamento é, na existência coisal, fator de realidade.

---

10 Note-se que no existencialismo fenomenológico, o mundo não é o universo. A palavra é tomada no sentido de João, I, 10: oposição do Logos e do Cosmos.

Notemos, com efeito, que o pensamento não pode ser concebido como produto ou resultado da ação de um ser psíquico concebido coisalmente (*réiquement*), distinto da coisa composta, e que seja sujeito ou suporte separado do pensamento. O pensamento tem como único suporte a própria coisa que ele compõe e sente. Puramente impessoal, sob certos aspectos, é necessário estar atento para não o conceber, quando se trata do pensamento operante no status coisal, introduzindo aí tudo o que entendemos e sabemos sobre ele a partir de outras fontes. Tal como se encontra implicado nesse status, o pensamento é pura e simplesmente liame e comunicação. Ele é também consciência, mas esta sendo entendida, apenas, como fulgor fenomenal; o que reduz essa consciência da existência una e idêntica à constatação de que a tratamos como existente apenas sob as espécies nas quais ela é lúcida e presente por si mesma, o que talvez não lhe seja constitutivo. Em última análise é antes de tudo a coesão sistemática, o liame que é essencial e constitutivo aqui nessa função do pensamento. Devemos mesmo nos perguntar se não se trata antes de um *fator* que de um *efeito* do pensamento. Qualquer que seja a importância filosófica desse ponto, consideremos apenas este aspecto: se há seres psíquicos, longe de serem a causa do pensamento nessa acepção, eles o pressupõem; o pensamento faz parte de sua constituição.

§52 . A psicologia e mesmo a metafísica concebem facilmente, necessariamente inclusive, entidades ônticas de pensamento, quer as nomeemos psiquismos ou almas. Trata-se sempre de um todo organizado, permanente até certo ponto; idêntico através de suas manifestações e, talvez, em termos de fenômeno, nem sempre presente de maneira integral a si próprio. Ora, trata-se então de uma estrutura e de uma existência evidentemente coisais. Retomaremos logo adiante o problema de sua espiritualidade, assim como o da racionalidade das entidades matemáticas. Limitemo-nos por agora a constatar que tanto uma quanto a outra se encontram no mesmo status, do qual acabamos de explorar as grandes linhas. Se a expressão status coisal parece chocante, e essa "coisalidade" (*chosalité*) inaplicável à alma, reservemos o termo coisidade (*réité*) ao cosmos especial da experiência física ou prática; falemos, mais geralmente, de um modo ôntico de existência, que será conveniente aos psiquismos, bem como aos coisismos (*réismes*). Tudo o que afirmamos sobre os psiquismos, constatando neles esse mesmo modo de existir, é que eles têm um tipo de monumentalidade, que faz de sua organização e de sua forma a lei de uma permanência, de uma identidade. Ao conceber a vida dessa maneira, estamos longe de comprometê-la. É de outra maneira que faltamos a ela: quando não concebemos a alma como arquitetônica, como sistema harmônico suscetível de modificações, ampliações, por vezes subversões e mesmo feridas... Numa palavra, um ser. Ao mesmo tempo, sistematização de fatos, de fenômenos psicológicos e possessão de si no indivisível da identidade pessoal. O que é absurdo e grosseiro no coisalismo (*chosalisme*) é considerar a alma como análoga a uma coisa psíquica e material. Especialmente nas condições de seu subsistir. É mais admissível, mas ainda inadequado, concebê-la de acordo com o tipo ôntico dos seres vivos e segundo seus condicionamentos. Mas cabe à psicologia – a uma psicologia que não tenha medo da ôntica da alma (que ela a chame de psiquismo, se tem medo da palavra alma) – nomear seus condicionamentos específicos, que abarcam a pluralidade, a junção, o contraponto das almas; todo esse interpsíquico que faz de seu arranjo de conjunto um cosmos.

Nesse cosmos, o pensamento impessoal, ou melhor, seu fator: a junção e o liame de si, a síntese residente ou imanente, figurará, a título constitutivo, como o pensamento figura em outros sistemas ônticos, e não diferentemente. Provavelmente mais suscetível de consciência e de atividade; e, se não mais frágil, decerto mais movente.

§53 . Não esqueçamos, com efeito, que o status da existência ôntica não exclui, de nenhuma maneira, o caráter lábil da existência. Sua ubiquidade de base nunca supõe um subsistir temporal garantido pesada e preguiçosamente, ou mecanicamente, nem mesmo em continuidade. Além disso, observamos perpetuamente, e de modo particular na ordem psíquica, instaurações de tal maneira rápidas, de tal maneira fugazes que quase não podemos apreendê-las. Assim, por vezes, estabelecemos para nós próprios (ou isso se estabelece em nós), almas momentâneas, cujas rapidez e sucessão caleidoscópica contribuem para a ilusão de uma existência menor e fraca, embora possam ter mais grandeza e valor que aquelas por nós instauradas da maneira mais fácil e mais cotidiana. Almas que temos muita dificuldade em reencontrar e em refazer, e cuja importância metafísica desconhecemos. O caso limite é o de uma existência absolutamente efêmera e que jamais veríamos duas vezes.[11] Não haveria, então, para tal ser, possibilidade alguma de gozar de sua identidade, de utilizá-la. Mas isso nos leva a situações de uma precariedade prática hiperbólica, que conduzem a outras considerações.

---

11 Em um artigo recente e interessante, infelizmente muito curto (Ghéréa, "Existences", *Rev. mét. et mor.*, out. 1940) figura uma oposição entre a "existência-duração" e a "existência-ideia", em que podemos pensar aqui.

§54 . Seria necessário também se perguntar se a própria identidade não tem uma base, se ela não deve ser garantida... Essa é outra questão, que foge à perspectiva da nossa investigação e que provavelmente não poderia ser respondida a não ser evocando essa invariância essencial, primordial, distinta da ubiquidade prática e que provavelmente equivale a uma certa perfeição. Mas, ainda uma vez, essa é uma outra história.[12]

*

§55 . Somos levados a considerar (para retornar ao status ôntico, agora melhor apreendido em sua generalidade) a grande diferença que há entre os seres do ponto de vista de sua estabilidade, do que podemos conceber como sua solidez.

Há um ser cujo privilégio de subsistir, de ser sólido, parece eminente: é o "corpo próprio",[13] a tal ponto, que se tende às vezes a reservar completamente o nome de existência a esse tipo ôntico.

O corpo tem, sem dúvida, um papel privilegiado como intermediário necessário entre o mundo e nós. Mas quais serão as verdadeiras razões desse privilégio? Elas repousam nisto:

---

[12] Tentamos, já faz um bom tempo (v. *Pensée vivante et perfection formelle*, 1925), mostrar como essa identidade feita de fidelidade a si mesma exige como razão ou lei esse tipo de perfeição pela qual o que é atualizado de uma maneira de certo modo estilizada não pode variar sem se corromper e não pode ser diferente do que é. *Sint ut sunt, aut non sint*. No momento em que publicamos esta obra, era preciso reagir vigorosamente contra certos preconceitos temporalistas e dinamistas, para fazer com que esta maneira de ver fosse aceita. Acreditamos ter recebido desde então várias confirmações desse ponto de vista.

[13] Sobre seu papel típico e mediador, o senhor Gabriel Marcel, entre os filósofos contemporâneos, insistiu particularmente. Cf. *supra*, §18, e *Journal métaphysique*, especialmente p. 130 e 237. Ver, além disso, Platão, Nemésio, Santo Agostinho, Malebranche, Whitehead, etc.

que é possível deduzir o corpo a partir do fenômeno. Por exemplo, há nos fenômenos de nosso horizonte certa constância perspectiva que permite determinar um *Ichpunkt* (como diz V. Schmarsow), em relação ao qual eles são sempre ordenáveis. Poderíamos mostrar também que o corpo próprio está, ao mesmo tempo, em oposição aos outros corpos (na medida em que é subjetivamente conhecido) e em homogeneidade com eles, por meio de suas relações de antitipia, por exemplo. Ponto de vista, mediação, evasão dinâmica também, pois, graças ao corpo, nosso limite se desloca, introduzindo-se no mundo: elementos arquitetônicos aderentes aos fenômenos. Por intermédio deles, o corpo constitui, verdadeiramente, uma *cabeça de ponte* do fenômeno no cosmos das entidades coisais. Daí decorre seu privilégio. Daí também provavelmente o fato de que um pensamento completamente rudimentar (infantil ou mesmo animal) é conduzido a iniciar pelo corpo e por seu tipo as operações de reconhecimento da existência coisal. O que explica sua aparente e empírica superioridade existencial: é a primeira obra, a obra-prima infantil do estágio no qual cessamos de ser simplesmente fenômeno.

Mas explicar assim essa superioridade é negá-la parcialmente. De fato, a existência do corpo próprio não é puramente corporal e física: ela é, sobretudo, a expressão da obrigação de uma existência psíquica constrangida a seguir sempre um corpo em suas aventuras terrestres. Ela quase pertenceria ao que chamaremos, em breve, de existência solicitudinária (*sollicitudinaire*), se pudéssemos nos livrar mais ou menos do referido constrangimento ou nos emancipar dessa solicitude. Mas tal constrição é forte demais para que possamos contestar a objetividade e a positividade dessa ôntica praticamente privilegiada.

*

§56 . Há, inversamente, entidades frágeis e inconsistentes e, por essa inconsistência, tão diferentes dos corpos que podemos hesitar em lhes conceder uma maneira qualquer de existir. Não nos referimos aqui às almas (das quais já tratamos), mas a todos esses fantasmas, essas quimeras, essas morganas que são os representados da imaginação, os seres de ficção. Há para eles um status existencial?

Nosso corpo não é uma *fata Morgana*. Para perceber, nos posicionamos, obrigatoriamente, no seu ponto de vista. Ele está solidamente incrustado como coisa física no cosmos dessas coisas. Mas temos corpos fictícios no sonho e nos devaneios, corpos compreendidos em cosmicidades ilusórias.

Tradicionalmente, já há bastante tempo, esse mundo dos imaginários tem na filosofia uma posição estratégica importante quanto ao problema existencial.[14]

---

14 Sobre a teoria da existência imaginaria, ver Aristóteles, *Mét.*, M, 1078 b; *Hermen*, 1, s. f.; Meinong, *Über Annahmen*; e *Unters. zu Gegenstandstheorie*; Baldwin, *La pensée et les choses*. tr. fr. especialmente p. 54, 154 sq., 203, 212, etc., ou seja, tudo o que concerne aos objetos da "fantasia", da simulação inferior (teoria do *make-believe*) e da simulação superior (relações com as ficções do jogo e as da atividade artística); v. também *Dictionary of Philos.*, s.v. *Assumption*; Brunschvicg, *Étapes de la philos. math.*, p. 549; Dupré, *Pathologie de l'imagination*; Sartre, *L'Imaginaire*; Dewey, *Studies in Logical Theory*; Russell, especialmente: *Meinong's Theory of Complexes and Assumptions*, Mind, 1904; Ryle, Braithwaite G. Moore, *Imaginary Objects*, in *Proceedings of Aristotelian Society*, vol. Supl. nº XII, 1933 (importante); Reininger, *Metaphysik der Wirklichkeit* (na perspectiva lógica do Circulo de Viena e da teoria dos enunciados); enfim, Heinrich Maier, *Wahrheit und Wirklichkeit*, especialmente I, p. 279 (ele opõe fortemente existência cognitiva-real e existência emotiva-imaginária. E vincula a teoria dos imaginários à teoria da crença). Do ponto de vista estético, vale consultar: Paul Souriau, *L'Imagination de l'artiste*; Witasek, *Allgem. Aesthetik* (especialmente p. 111-112; relações da invenção artística e da teoria dos *Annahmen* de Meinong); M. Dessoir, *Aesthetik*, p. 36, etc. A palavra *Imaginaire* (Imaginário) não figura no *Vocabulaire histor. et crit. de la philosophie*. É preciso lamentar essa

Considerá-los como simplesmente sustentados pelo pensamento é considerar o pensamento como capaz de decretar seres dependendo totalmente dele, arbitrariamente e de maneira incondicional. E a semelhança de tais seres de representação, desses seres factícios, com certos seres da lógica pura, dos quais foram aproximados por vezes (pensar no bode-cervo[15] de Aristóteles) poderá nos induzir ao erro de estender esse status existencial puramente psicológico até mesmo às entidades lógicas ou racionais.

De outra parte, atribuir-lhes uma existência específica, ver neles um modo do ser, não seria embaraçoso, tanto por causa de seu caráter fantasmático, quanto por sua acosmicidade? São, no fundo, seres expulsos uns após os outros de todos os cosmos ônticos controlados e condicionados. Só sua desgraça comum os reúne, sem por isso fazer de seu conjunto um pleroma, um cosmos.

Está excluído, é claro, caracterizá-los existencialmente, porque, como representação, eles não correspondem a objetos ou a corpos. Tal consideração é relativa a um problema do segundo grau e, de resto, puramente negativa.

§57. Eles só existem – à sua maneira – se têm um existir positivo.

Ora, eles têm.

De certo ponto de vista, como são positivos, com efeito, esses seres! Mesmo os monstros, mesmo as quimeras, mesmo os seres do sonho. Dentre eles, alguns já foram estudados com o

---

lacuna (elas são inevitáveis em uma obra dessa envergadura); sobretudo dado o duplo sentido, filosófico e matemático, do termo.

15 *Tragelaphos*, de *Tragus* e élapho, animal descrito por Aristóteles em sua obra *História dos animais*. [N.T.]

mesmo espírito objetivo que dedicamos aos da história natural, da história ou da economia política. Há pesquisas concretas de artistas sobre a anatomia do anjo (como se liga exatamente a ossatura da asa à omoplata?); sobre as do centauro ou do fauno (cf. E. Valton, *Les Monstres dans l'art*, p. 54 e 62). Napoleão em Sainte-Hélène, relendo Richardson, havia estabelecido, cuidadosamente o orçamento anual de Lovelace; e Hugo ao preparar *Os miseráveis* havia feito as contas de Jean Valjean para os dez anos em que ele não aparece no romance (pensem nisso: a presença remota de um personagem de romance em relação ao romance; imaginário em alta dose!). Há uma curiosa questão sobre a realidade dos tempos imaginários, que é objeto de uma controvérsia entre Russell e McTaggart (cf. *Nat. of Exist.*, t. II, p. 16: em que sentido podemos dizer que no *Dom Quixote* a aventura dos moinhos é anterior à dos galerianos?).

Cada romance, cada quadro mesmo é, sob certos aspectos, um microcosmo (façam a experiência, como no caso do orçamento de Lovelace, de estabelecer o que implicam, em um raio de 5 km e, talvez, na história de vários dias ou de vários anos, a *Mona Lisa*, ou *Os pastores de Arcádia*). Enfim, faz-se necessário dizer que todos esses microcosmos compõem um tipo de grande cosmos literário e artístico, no qual certos personagens-tipo têm uma existência inumerável e, entretanto, essencial e idêntica (pensem em Don Juan).

De um lado, portanto, esse mundo tende a assumir uma existência sindóxica,[16] social, bem positiva. Há, para falar como C. I. Lewis, um "universo do discurso" literário. Porém, em seu outro limite, esse mundo se dissipa e se desgasta. Desse lado fantasmal, não há nenhuma lógica de aparição, nenhuma lei de identidade. Pensem nas quimeras que, nascidas do

---

[16] Que se supõe compartilhada com outros indivíduos semelhantes. [N.T.]

terror de uma espera trágica, logo se esvanecem. Se *a poesia*, como arte e ramo técnico da literatura, apresenta, com tanta solidez quanto poderiam fazê-lo um romance ou um quadro, Eviradnus ou Eloá, a ravina de Ernula ou a tenda de Sansão, não tem ela, em suas beiradas, vagas aparições, percebidas por um instante correndo através da mata fechada *do poético*, e que fazem estremecer bruscamente o pensamento sem poderem ser acomodadas em um mundo estável, definido, fechado e sólido como um parque cercado por muros?

§58 . Os imaginários devem, precisamente, a esse caráter transitivo e transitório, sua situação dialética particular. Grosso modo, seu status é ôntico em suas melhores regiões; quanto a isso não há dúvida. Um cão imaginado é um cão, porque participa da ôntica do cão. Mas, nesse sentido, ele tende a escapar do fenômeno para se tornar pura entidade lógica, isto é, ser de razão. Em outro sentido, ele tende a se dissipar em puros fenômenos, dos quais toma emprestado toda a sua realidade existencial.

§59 . Na medida em que são sustentados por um fenômeno de base, os imaginários participam das condições próprias de realidade deste, seja ele distinto ou difuso, intenso ou fraco. E essa é uma maneira de defini-los. Nesse aspecto, eles se opõem aos seres da percepção, cuja consistência existencial não depende, de maneira alguma, da intensidade ou da clareza da sensação como fenômeno de base, mas sim de todo um conjunto de determinações cósmicas. O caso dos imaginários, portanto, não é somente o da faculdade de imaginação; ele se amplia para englobar, também, tudo o que depende do sentimento, da emoção. De fato, o fenômeno de base dos imaginários muitas vezes é emotivo.

Nesse sentido, é preciso colocá-los em uma classe existencial muito mais vasta: a dos seres que estão presentes e existem para nós por meio de uma existência à base de desejo ou de preocupação, de medo ou de esperança, assim como de fantasia e de diversão. Desses seres, poderíamos dizer que sua existência é proporcional à importância que têm para nós – seja porque nos inquietamos acerca de muitas coisas, seja porque uma única nos é necessária.

Assim como há imaginários, há emocionais, pragmáticos, atencionais (*attentionels*), se ouso dizer; os importantes de tal ou qual preocupação ou de tal ou qual escrúpulo; em suma, uma existência solicitudinária (da qual se pode considerar que Heidegger forneceu, sob certos aspectos, algum estudo parcial, sem ver claramente que, segundo entendemos, não há aí revelação ou manifestação, mas base de existência). O que os caracteriza essencialmente é ser sempre a grandeza ou a intensidade de nossa atenção, ou de nossa preocupação, a base, o polígono de sustentação de seus monumentos, o pedestal sobre o qual nós os elevamos, sem outras condições de realidade além desta. Completamente condicionais e subordinadas sob esse aspecto, quantas coisas que acreditamos positivas, substanciais, quando as olhamos de perto, têm apenas uma existência solicitudinária! Existências a título precário, elas desaparecem com o fenômeno de base. O que lhes falta? A ubiquidade, a consistência, a estabilidade coisal e ôntica. Essas vidas-derrisórias (*mock-existences*), essas pseudorrealidades são reais; mas falsas porque imitam formalmente o status coisal, sem ter sua consistência ou, se preferirem, sua matéria.

Encontra-se aí um segundo caráter dos ônticos dessa classe; eles não têm o status coisal, eles o imitam.

§60 . A esse respeito, se observará (o que aumenta em muito a importância dessas existências) que o *possível* não passa, em realidade, de uma variedade do imaginário.

Isso é evidente quando se trata desses pseudopossíveis que repousam somente nas sugestões do temor ou da esperança, nas tentativas representativas da previsão.

Mais sutil é o caso do que Bergson chama de não-impossibilidade – a ausência de impedimento (*La Pensée et le mouvant*, p. 130; cf. *supra*, §19) – que indica um vínculo com o real, sob espécies cosmológicas, especialmente quanto a dispositivos de causalidade. Posso entrar neste quarto se ele não estiver trancado ou se tenho a chave. O que imagino sobre essa ação pode se integrar ao real sem postular modificações (elas próprias imaginárias) deste. Tornar-se bilionário, herdando de um tio dos Estados Unidos, que agradável devaneio! Tal coisa é possível? Ao esperar por tal herança, você supõe que seu pai teve um irmão, atualmente nos EUA, e bilionário... Ora, isso não é mais da ordem do possível; ou é verdadeiro, ou falso. Ganhar na loteria, no próximo sorteio! Quer eu tenha ou não comprado um bilhete, meu devaneio de candidato a milionário é absolutamente e ontologicamente o mesmo. Não me custa mais imaginar que meu bilhete é o premiado do que imaginar que tenho um bilhete. Mas, se não o tenho, sei que meu devaneio modifica o real; digo então: "é impossível". Se tenho um bilhete, meu devaneio nada modifica – a não ser, talvez, um futuro inacessível. Digo, portanto, que há possibilidade. A diferença aqui reside inteiramente no grau de modificação suposta do real atual; e a possibilidade não exprime nada além de certa adaptabilidade do imaginário ao real.

Mas o caso mais interessante é o daquilo que poderíamos chamar de *a possibilidade absoluta*. Se dirá: "tal figura, tal ser, tal evento é possível em si, independentemente de qualquer referência ao atual". Sei que nunca houve centauros nem faunos, que não os haverá jamais. Mas anatomicamente (ver acima) o primeiro é impossível, o segundo é possível.

O que isso quer dizer senão que o segundo é conforme, em geral, a certas leis morfológicas da vida, e não o primeiro? Um imaginário pode ou não – mas gratuitamente – ser estruturado segundo uma cosmologia dada. De maneira gratuita, pois a lei, é claro, não rege o imaginário como rege seu modelo. Exigências imitativas emprestadas a um tipo ôntico tomado de uma cosmologia positiva, elas são todas excedentes. Assim, "a possibilidade absoluta" é esta estilística particular do imaginário: a conformidade gratuita e excedente a um dado condicionamento ôntico e cósmico.

Isso explica porque o possível parece mais real ou mais próximo da existência que o imaginário em geral. Naturalmente, ele não se aproxima nem mais nem menos do real. Ele é uma subvariedade do imaginário, que é por sua vez uma variedade do modo ôntico. Mas o possível simula muito bem outras variedades que estamos acostumados a tratar como mais reais.

§61. Quanto ao imaginário em geral, vemos que seu modo especial de existência (fora dessas simulações) reside na sua dependência total do fenômeno de base. É verdade que essas simulações podem ir mais ou menos longe (por vezes muito longe) na cosmicidade. Os imaginários podem se organizar de maneira a apresentar um universo do discurso, mais ou menos sólido e, por exemplo, de uma positividade social importante. Quanto a isso, pensamos menos no universo literário ou artístico do que em certos mitos. Estes podem mesmo ter tal efeito (cf. teoria do mito nas *Réflexions sur la violence* de G. Sorel) que chegam a incorporar os imaginários ao mundo da representação usual concreta; mas então, cessam de ser puros imaginários e se revestem de outro gênero de existência.

*

§62. Agora vamos dar um passo adiante.

O imaginário (e seu subproduto, o possível), vinculado e esteado como está à existência fenomenal, permanece, entretanto, feito de certa matéria positiva, nomeadamente psicológica. Ele é feito da mesma matéria que os sonhos.

É ele um modo de existência no qual (à parte este vínculo que o subordina a outra existência) não haveria matéria alguma? Uma existência talhada numa matéria de puro nada?

Sim: tal é a existência virtual.

Não insistiremos nesse assunto tendo tratado longamente dele em outro lugar.[17] Limitemo-nos a notar o essencial.

Dizer que uma coisa existe virtualmente é dizer que ela não existe? De maneira alguma. Também não é dizer que ela é possível. É dizer que uma realidade qualquer a condiciona, sem abarcá-la ou afirmá-la. Ela se completa exteriormente, se fecha sobre si mesma no vazio de um puro nada (*néant*). O arco da ponte quebrada ou apenas iniciada desenha virtualmente o segmento que lhe falta. A curva das ogivas interrompidas, no alto das colunas, desenha no nada a pedra angular ausente. A curva incoativa de um arabesco constitui virtualmente o arabesco inteiro. Como no imaginário, há suspensão na abaleidade a uma realidade qualquer; mas nenhum consumar-se em representação, visão ou sonho é necessário ou presente.

---

17 *Avoir une Âme: Essai sur les existences virtuelles*, Les Belles Lettres, 1938.

Uma quantidade de esboços, de começos, de indicações interrompidas desenha, em torno a uma realidade ínfima e cambiante, todo um jogo caleidoscópico de seres ou de monumentalidades que nunca existirão; que não têm realidade outra que a de ser antecipada ou hipoteticamente condicionados, determinados às vezes, com uma precisão perfeita, em sua matéria de nada. Modo de existência particularmente rico de uma multiplicidade de presenças que são ausências. Modo de existência particularmente econômico também: a garra do leão é suficiente para a existência virtual do animal inteiro; o rastro "do pé sangrando e nu do amor sobre a areia" basta para desenhar no intermundo, à margem do ser, o misterioso passante.

A vida interior, particularmente, abunda em presenças desse gênero. As suas riquezas mais preciosas são feitas delas, seus tesouros pertencem a esse mundo.

E que não venham evocar aqui a "intenção" fenomenológica. Ela não é mais que um caso particular desse modo de existência, de resto, contaminado ao mesmo tempo de logicismo e psicologismo: o caso em que o vínculo da virtualidade se concretiza em vecção fenomenal, em elã rumo a uma finalização que se inicia de fato ou já se exprime em um simbolismo mais ou menos vago. Mas a ponte quebrada, que ninguém tenta reconstruir, desenha a curva do arco interrompido tão bem quanto aquela outra que se encontra, efetiva e ativamente, em construção. A ponte que ninguém pensa em construir, da qual se ignora até mesmo a possibilidade, mas para a qual todos os materiais estão ali e cuja natureza, alcance e forma estão perfeitamente determinados como única solução de um problema do qual todos os dados são perfeitos e ignorados, tem uma existência virtual mais positiva que aquela outra que foi construída e cuja finalização um erro ou uma insuficiência de concepção tornou impossível.

Não nos enganemos sobre isso. Há intenções irrealizáveis, vecções intermináveis; elas não se comunicam com nenhuma existência virtual. É necessária outra coisa que um elã ou uma intenção para que haja aí existência. É necessário que uma lei de harmonia encerre em si, arquitetonicamente, o ser suposto; é preciso que essas curvas começadas, lançadas no vazio, se reúnam e se ordenem no vazio, em um virtual realmente existente nesse modo. E é provavelmente por isso que uma alma é, antes de tudo, uma harmonia. A alma que não temos mas que poderíamos ter é feita, em sua virtualidade, da harmonia que coordena em acordes aquilo cujo contorno interrompido o esboço de uma melodia interior traçou por um instante.

Vivemos no meio de uma floresta de virtuais desconhecidos, alguns talvez admiráveis, apropriados para nos preencher e que não pensamos sequer em olhar, em realizar, mesmo que em sonho, nos cadernos de rascunho do imaginário. Carregamos para longe nossas intenções, em direção a intermináveis absurdos, rumo a monstros.

A diferença – no seio da intencionalidade, por exemplo – entre o realizável e o irrealizável (e queremos dizer "irrealizável" não por falta de força ou de fervor, mas porque a empresa é absurda ou autodestrutiva): aí reside a realidade do virtual e o que faz dele um modo de existência.

*

§63 . A existência virtual é, portanto, de uma extrema pureza, de uma extrema espiritualidade. Sob certos aspectos, podemos considerá-la como uma depuração do imaginário. Porém, o virtual guarda sempre um caráter de *abaleidade* que pode desvalorizá-lo em alguma medida; ele precisa de um ponto de apoio. Inclusive é isso o que o constitui e o define. Ele é um condicionamento condicionado, esteado em um fragmento de realidade estranho a seu próprio ser e que é como que sua fórmula evocatória.[18]

Podemos dar um passo adiante? Podemos conceber uma existência absolutamente desmaterializada, feita de condicionamentos incondicionados, liberados de todo vínculo, de qualquer dependência de uma realidade evocatória, anteriores a qualquer investimento concreto, mesmo que parcial?

Problema de suma importância. Pensaremos seja em seres puramente racionais ou lógicos, seja em formas sem matéria, seja em essências; seja ainda, e primeiramente, na *existência numenal* (estilo kantiano).

§64 . A expressão é paradoxal. Ela significa, etimologicamente, que se trata de coisas conhecidas e pensadas (νοόυμενα); o que as suporia dependentes de realidade psíquicas. Sob certos aspectos, elas se diferenciariam das realidades imaginárias

---

18 Poderá parecer que as três noções de imaginário, de possível e de virtual estão aqui muito próximas. Entretanto, é o que acontece, acreditamos, quando as examinamos de um ponto de vista puramente existencial. Evidentemente, se restabelecemos, por meio do ponto de vista do conhecimento crítico, essas três noções em todo o teor de seu conteúdo filosófico, elas se separam bem mais. Segundo uma observação penetrante, que devemos ao primeiro leitor deste livro (o senhor E. Brehier), "o imaginário se refere a um existente real, que é o eu imaginando; o possível é intrínseco, completamente independente de todo existente real; o virtual é o próprio existente real começando a se manifestar. Cada um se introduz, de resto, de uma maneira bastante diferente: o primeiro em um sentido pejorativo (tudo isso é apenas imaginário!), o segundo em uma discussão lógica, o terceiro em metafísica". Há acepções subjetivas e objetivas para o possível (v. o *Vocab. hist. et crit.*). As primeiras (que Lachier considerava abusivas) o empurram mais em direção ao imaginário, as segundas em direção à *léxis* lógica ou mesmo em direção ao numenal. Enfim, assimilado ao matematicamente provável (sentido B 3 do *Vocab.*), ele pertence apenas à ordem do conhecimento crítico. A ideia de "existência provável" não tem nenhum teor existencial próprio: ela mede certas propriedades nocionais precisas de uma existência qualquer (virtual na maioria das vezes).

apenas por seu caráter geral e abstrato. Seriam de certo modo os imaginários do entendimento. Entrariam no universo do discurso apenas sob essa forma de representados racionais, seres da ideação, do pensamento em sua atualidade psicológica.

De outra parte, se tentamos livrá-los dessa inerência para erigi-los como absolutamente transcendentes, não mais podemos falar sobre eles; são para nós totalmente desconhecidos (seja lá o que forem em seus modos de existência), pois só os estabelecemos à parte na medida em que não são nem tocados nem concebidos por nosso pensamento.

Kant, é verdade, mostrou ele próprio uma via para escapar desse dilema. Se o que se objeta a todo discurso sobre os númenos é apenas o fato positivo, empírico e extrínseco de que são desconhecidos para nós, talvez a simples falta em nós de uma faculdade apropriada à sua apreensão (a famosa "intuição intelectual") os separaria do nosso pensamento. Negaríamos, portanto, como atual a ligação dos númenos com um fenômeno *sui generis* característico da intuição intelectual. Porém, seria suficiente para postulá-los propor, problematicamente, essa intuição como eventual ou mesmo encontrar, senão a intuição direta, pelo menos testemunhos indiretos dos númenos. A entidade matemática, ao escapar, em uma existência em si, a nossa intuição, se revelaria eventual e indiretamente, pela regularidade e universalidade de coações exercidas seja sobre nosso entendimento, seja sobre as figuras (sobre os dois ao mesmo tempo, pensava Platão), no decurso dos raciocínios e das demonstrações discursivas. Os "seres de razão" (cf. acima §50), que as entidades físicas ultramicroscópicas seriam, estariam situados em si fora da experiência (não podemos descobri-los experimentalmente porque as próprias condições de experimentação os modificam), mas os suporíamos eventualmente passíveis de serem descobertos se uma nova técnica do fazer-aparecer (*faire-apparaître*), tocando-os com suficiente delicadeza, os aproximasse do fenômeno sem os subverter. Eles já estão ligados ao fenômeno de uma maneira mais ou menos indireta. Deus ele próprio, o Deus numenal dos metafísicos, seria também o Deus sentido dos místicos se testemunhos indiretos justificassem de algum modo sua presença, ou se uma intuição particular (reservada a certos privilegiados dotados de um sentido especial do divino) pudesse atingi-lo e torná-lo "sensível ao coração", por exemplo.

Nesse caso, o "alto lá!" kantiano proibindo que se fale desses desconhecidos perderia todo valor. Um navegador mais audaz – pensem no grito de Nietzsche em *A gaia ciência* (nº 289): "Filósofos, a bordo!" – poderia sempre singrar em direção a essas Ilhas Afortunadas (pensemos em Gaunilo de Marmoutiers) que nos dizem indescobertas, mas nem por isso indescobríveis. Se uma faculdade nova surgir em nós...

§65. Do ponto de vista que nos ocupa, ainda que seja sedutora a perspectiva, por seu apelo à expansão do pensamento, de se inovar o conhecimento, ela resta, entretanto, insuficiente. Sem dúvida, isso permitiria fazer entrar, de maneira útil, esses númenos no universo do discurso. Porém, eles entrariam somente como existências problemáticas, não constituindo de forma alguma um gênero de existência, mas somente a abertura de um problema relativo à existência.

A verdade é que, quando se pensa no isolamento possível dos condicionamentos ônticos, tomados fora de toda presença experimentada e fenomenal, pensamos em algo que não tem nada a ver com existentes problemáticos. Pensamos em essências independentes de qualquer existência.

É um erro, aliás, culpar o argumento ontológico de uma passagem indevida da essência à existência. No máximo, se trata de um retorno. A verdade é que, em toda consideração sobre os númenos, há passagem da existência à essência.

Vimos, com efeito, como, tendo abordado a existência pela via do fenômeno, passamos daí às organizações ônticas e, primeiramente, às mais práticas e espontâneas, as ônticas corporais; em seguida, às mais técnicas, apoiadas nas disciplinas científicas que as racionalizam lhes retirando um pouco de sua solidez instintiva e sensível; das técnicas passamos às imaginárias e depois às virtuais. Finalmente, as que são representadas no entendimento demandam uma separação total a se efetuar afastando-se resolutamente do fenômeno. Mas, quando essa amarra é rompida, até que ponto se pode pensar que toda existência não malogra junto com esse último suporte existencial? Seria necessário, decerto (e é isso que exprime o anseio da intuição intelectual ou da experiência problemática) encontrar e atribuir para elas um novo gênero de existência. Enquanto isso não ocorre, há pura e simplesmente privação de existência.

Ela pode se apresentar sob diversas formas. A anulação do parâmetro existencial pode aparecer como supressão (ou colocação entre parênteses) de um atributo. A existência como predicado: é a tese de Leibniz (cf. *Nouveaux Essais*, IV parte, início).[19]

Quando se faz da existência não o predicado, mas a própria posição da coisa (é a tese de Kant: *Krit. d. rein. Vern.*, Ak. 598), a supressão da existência é, ao mesmo tempo, recusa de estabelecer a coisa. Pode-se então, sem dúvida, colocar a existência à parte e observá-la em relação à coisa, como uma

---

19 Poderíamos aproximá-lo de Russell (*Princ. of Math.*, 427) na medida em que este considera a existência (nisso diferente do ser) como propriedade de certas classes de indivíduos.

afirmação de que "o universo do discurso não é nulo".[20] Mas isso seria substituir a existência por um símbolo lógico desta. A coisa assim considerada como objeto dessa afirmação ou é um ser ou um discurso considerado independentemente de toda afirmação ou negação. É a pura *léxis*.[21] Uma *léxis*, o enunciado de um sistema de relações consideradas independentemente do ato que pode afirmar ou negar esse sistema como existente, tal é o resíduo último a que chegamos por essa via.

Poderíamos, ainda uma vez, verificar posteriormente se um novo gênero de existência não ressuscitaria esses fantasmas exangues, reanimando-os como aquele sangue que Ulisses dá de beber aos mortos. Para além de todo apego ao fenômeno, para além de toda posição atual ou ideação, para além mesmo de uma intenção ou de uma determinação ideal, segundo as vias propriamente fenomenológicas,[22] quando enfim desfalece todo modo da ôntica, podemos perguntar se algo de novo não pode ocorrer, algo que reinjetaria existência naqueles fantasmas. Enquanto isso, pode parecer que, entre o momento no qual eles se esvanecem assim, despossuídos de tudo que os havia sustentado inicialmente, e aquele no qual renascem, após a transfusão de um sangue novo, eles subsistam, por um instante, neles mesmos, nesse intermundo da existência. Porém, essa é a ilusão de um momento-limite.

---

20 Cf. Couturat, *Algèbre de la logique*, § 20. O símbolo disso é: 1 ⋡ 0.

21 Pequena dificuldade de vocabulário: tem-se, por vezes (Goblot, *Logique*, §50), chamado "juízos virtuais" esses enunciados considerados em seu conteúdo, independentemente de toda afirmação ou negação, como na frase latina: *sapientem solum esse beatum*. Nada de comum com o virtual existencial como foi descrito mais acima. Os termos *dictum* ou *léxis* evitam esse equívoco.

22 Sobre a noção de existência ideal, no sentido fenomenológico, v. especialmente: Maximilien Beck, *Ideelle Existenz*. in *Philosophische Hefte*, Berlin, 1929, fasc (3), 1, p. 151 sq.; e (4), 2, 197 sq.

O que isso quer dizer senão que aqui vemos se esvanecer completamente a existência tal como fora abordada por nós? Que chegamos aos limites do mundo – aquele da ôntica – explorado no início?[23]

SEÇÃO II

§66 . Não podemos, e tampouco desejamos, nos esquivar do problema da existência transcendente. Mas, que isto seja bem entendido: não se trata de procurar a ôntica até no vazio, para lá de suas aderências ao fenômeno e à experiência; erro de tantos metafísicos e, decerto, da fenomenologia também. Trata-se de inventar (como se "inventa" um tesouro); de descobrir modos positivos de existência que vêm ao nosso encontro com suas palmas, para acolher nossas esperanças, nossas intenções ou especulações problemáticas, para recolhê-las e confirmá-las. Qualquer outra busca não passa de fome metafísica.

---

23 É preciso notar as dificuldades propriamente lógicas inerentes a essa falha (como dificuldades físicas, ou antes, microfísicas, surgiam ali onde falha a existência corporal). Citaremos uma das mais curiosas: a querela entre os lógicos acerca dessa opinião bizarra (sustentada por McCall, Venn, J. Jorgensen, etc.) segundo a qual as proposições universais não implicariam, com efeito, a existência de seus objetos, mas sim as particulares. Sobre isso Bradley observa de maneira jocosa que, quando se diz: "todos os duendes têm calções verdes", não está aí implicada a existência de duendes, mas a afirmamos ao acrescentar: "e alguns têm um gorro vermelho". Em realidade, a argúcia repousa numa questão de expressão verbal. A lógica tradicional evita todas as dificuldades escrevendo como é devido: Todo duende tem um calção verde; algum duende tem um gorro vermelho. É a escrita no plural: "alguns dentre eles" que provoca o fenômeno considerado ao apelar à imaginação com seu caráter concreto, realizando a pluralidade dos seres. Há, portanto, passagem da existência lógica para a imaginária. Observa-se a esse respeito alguma incerteza da parte de certos lógicos, especialmente os de Cambridge.

§67. Primeira esperança. Dirão: antes de tentarmos um novo ciclo de exploração, não poderíamos encontrar o que procuramos no próprio ciclo já percorrido, simplesmente modificando sua ordem, nos libertando desse ataque por meio do fenômeno, que não era obrigatório?

A coisa ser humano, a coisa flor, a coisa teorema, na qualidade de sistemas, não são suficientemente constituídas – fora de toda aparição fenomenal – para representar existência?

Afinal, esses quadros, esses gabaritos de relações, por mais esqueléticos que os achemos no final das contas, já são alguma coisa. Não têm eles, de certo ponto de vista, tudo o que pode definir a existência? Até mesmo, por exemplo, o signo local, ou temporal, o *hic* e o *nunc* intrínsecos, as relações colocativas (*collocatives*), ou ainda a *consistency*?

O caso da essência divina no argumento ontológico é o mais contundente. Mas poderíamos dizer o mesmo de toda ontologia. Cada ôntica não é suficiente para desenhar uma maneira de ser, um modo próprio de existência? E, se esse modo não se adapta a uma imanência à ordem do fenômeno e da experiência, é necessário então que ele seja visto como se afirmando na ordem do transcendente. Isso não é suficiente para definir a existência transcendente?

A instância pode parecer sutil. É necessário admitir que ela é forte. A essência divina, dirão por exemplo, intervinha há pouco (a propósito do numenal) como posta de uma maneira problemática. Mas tal como é, ela define um existir, uma maneira de ser – o existir do divino. Ora, acontece que você não pode nem afirmar nem negar esse existir problemático. E tal como é hipoteticamente posto, ele não pode ser enquadrado nem na experiência nem no fenômeno – porque é da sua essência não poder sê-lo. Deus não se manifesta em sua essência; se o fizesse, se encarnaria no fenômeno e no mundo;

ele seria do mundo. Ora ele o excede, dele se distingue; seu existir se desenvolve ao largo do mundo, fora dele. Seu existir se define, portanto, como existência transcendente. Queira ou não, é você que define seu modo de existência. Supondo-o, você o afirma (ainda que problematicamente) como modo definido. Nisso reside a força, o que há de inelutável no cerne do argumento ontológico.

Isso é inegável. Podemos, aliás, examinar esse argumento de outra maneira. Podemos dizer: ao se ocupar do universo ôntico da representação (cf. mais acima §16 e mais adiante §82 e 84), você se ocupou de Deus. Pois ele figura neste universo. Deus representa nele o modo particular de existência que lhe convém e que sua ôntica define. Modo transcendente e mesmo absoluto. A você cabe agora provar que é necessário riscá-lo do mapa, que essa existência não é de fato uma existência, não corresponde a nada. O ônus da prova cabe a você.

É incontroverso.

Todavia, não nos enganemos. Ao que assistimos? A uma restituição de existência. Status ônticos reduzidos ao estado de coisas, puros seres de razão despossuídos daquilo que fazia deles entes, exigem de volta o que lhes foi retirado. Trata-se apenas de restituição. Assim são os entes matemáticos.[24] O ciclo do qual os isolamos como essências os continha no estado de entes; e se podemos conceber a identidade que fundava essa existência como anterior em si (v. §47) a todas as colocações (*collocations*) cósmicas da aparição e da manifestação, não há necessidade de nenhuma modalidade transcendente

---

24 Não surpreende ver sua sorte discutida em comum com a das entidades teológicas, similitude bem demonstrada a propósito de Malebranche por P. Schrecker, "Le parallélisme théologico-mathématique chez Malebranche", *Rev. phq.*, 1938, I, p. 215 sq.

para fundar essa existência. Ocorre o mesmo quanto ao eu. No próprio seio da fenomenalidade no qual ele pode aparecer sob esse aspecto de egoidade que é um dos seus, sua identidade o funda e produz uma base de existência sem recorrer ao numenal e ao transcendente.

O mesmo ocorre com a maioria das essências reais. Embora possamos segui-las fora do mundo, por meio de uma transcendência provisória que, já o vimos, também as priva do existir, basta para lhes restituir esse existir rebatê-las sobre o seio do mundo, onde elas *essencialmente* são. Assim como a constituição da escala rebate o ciclo de quintas no interior da oitava, ainda que por sua estrutura esse ciclo pareça sair dela e se distanciar imensamente da situação inicial da tônica.

A necessidade de transcendência aparece tão somente para as existências que não poderiam ser assim rebatidas, porque elas excedem em grandeza a oitava do mundo, ou não podem coincidir com seu conteúdo. Tal seria nomeadamente a existência divina; e não há, talvez, muitos outros exemplos metafísicos a serem evocados.[25] A ideia é válida sob essa forma? Sim, decerto. Mas tomemos cuidado, pois ela repousa sobre a suposição de que um *existir divino* é definido. E não definido verbalmente (chamo Deus o ser infinito e perfeito...), mas realmente; mesmo que de maneira completamente virtual (o que é um gênero de realidade) pela ideia imperfeita que dele formamos.

Então o argumento ontológico será passagem, não da essência à existência ou da existência à essência, mas de um modo de existência a outro; por exemplo, dessa existência virtual (ou daquilo que Descartes chamaria existência objetiva) a uma

---

[25] Ainda restaria o recurso de procurar se investimentos de existência interônticos ou morfemáticos não permitiriam uma sorte de reinserção de Deus na oitava do mundo, sem coincidência com ele e com seu conteúdo ôntico. É por esse lado que Bergson, assim parece, procurava Deus.

existência atual (ou formal no estilo cartesiano); ou ainda, passagem a qualquer que seja o modo de existência que se quer afirmar na seguinte conclusão: Deus existe. É a passagem de um modo a outro que constitui o argumento. De qualquer maneira, ele supõe que uma resposta positiva sob a forma de uma proposição concreta, real, foi dada à seguinte pergunta: "Do que se trata? O que é o divino?". E que foi proposto dele, pelo menos, um modelo, uma entrevisão, uma concepção, um exemplo; que ele foi posto, de alguma maneira, em jogo, em movimento, em ação, em presença; que ele compareceu, que ele "compareceu em juízo" em sua causa, como Jó o intimava a fazer.

Exigência terrível. Apenas alguns a ela respondem; em meio aos filósofos, apenas alguns *se objetam o divino*: os que ousam (um Santo Agostinho, um Malebranche, um Pascal) fazer falar o Verbo. De uma maneira geral, poderíamos dizer que não há comparecer em juízo do divino no universo do discurso humano a não ser nessas vinte e poucas páginas de todas as Escrituras de todas as religiões nas quais se pode ter a impressão de escutar um Deus falar como Deus. E vinte é muito. Talvez haja apenas cinco no total. Mas seria necessário levar em consideração também os *gesta Dei*. Que, por exemplo, o barro humano (sentimentos, pensamentos ou, sobretudo, os acontecimentos de uma vida) seja modelado e manipulado de tal maneira que ele aí reconheça a mão de um Deus...

Pois, pensando bem, o problema só se coloca se o sujeito do qual se afirma: "ele existe", compareceu. Quantas especulações teológicas, ou metafísicas nas quais ele não figura de maneira alguma!

§69. Aprofundemos ainda mais o problema.

Em tais presentificações, não é ainda, de maneira alguma, questão de uma transcendência, no sentido de uma exterioridade existencial. No máximo, poderíamos falar aqui de um tipo de transcendência moral, de mudança de ordem de grandeza ou de valor, o que pertence a outro grupo de ideias.[26] Se há aqui, até certo ponto, passagem de uma ordem de grandeza humana a uma ordem superior, isso não nos deixa menos ignorantes em relação ao problema de saber se esse divino não é de base humana; se isso vem do exterior ou se é o ser humano em processo de se tornar divino, em seu pensamento ou em sua experiência.

Para ter o direito de compreender em um sentido transcendente o: "ele existe", que constitui o segundo membro da proposição, seria preciso recorrer a outras especulações.

Quais?

Vários recursos se apresentam a nós.

§70. Um dos mais simples, a propósito dessa paixão, desse padecer divino do qual acabamos de falar, consistiria em evocar o postulado, por vezes apresentado como axioma,[27] de que toda paixão supõe uma ação, todo paciente um agente – como todo vale supõe uma colina, ou toda venda uma compra. O que isso quer dizer senão que a passagem procurada será efetuada sob a forma interôntica da categoria de comunidade ou de reciprocidade; – do *Miteinandersein*. É nele que será investida a existência que faz a realidade da transcendência. Naturalmente, essa passagem valerá o que vale o axioma; a crítica tem aí pano para a manga. Mas não é da nossa conta. O objetivo era mostrar, nesse "ensaio temático", por quais tipos de operações podemos tentar,

---

26 Será abordado no último capítulo.

27 Cf. Descartes no início do *Traité des passions*; e fontes escolásticas em Gilson, *Índex scolastico-cartésien*.

problematicamente, desenhar transcendências que impliquem exterioridade. Elas supõem, e era necessário demonstrá-lo, uma mudança na própria natureza do investimento da existência. Saímos aqui do modo ôntico. Não se trata, pelo menos diretamente, de colocar como transcendente a ôntica essencial definida; mas sim de passar dela a um modo de existência diferente; e, especialmente nesse caso, a esses investimentos morfemáticos que serão objeto da terceira seção do presente capítulo.[28]

§71. Ainda quanto ao objeto geral de nosso estudo, outro recurso se apresenta, assentado sobre bases ainda mais interessantes. Trata-se da ideia de existência para-si (*pour-soi*).

Dirão: para esse divino assim presente problematicamente ao nosso pensamento, está excluído falar de existência em si. Todavia, sem deixar o ciclo percorrido até aqui, ainda temos nele a experiência de um modo de existência suficiente, se refletimos bem sobre isso, para realizar a transcendência procurada.

Encontramos essa existência na ordem psíquica. Como pessoas, existimos para nós-mesmos. E se soubermos nos constituir nesse modo de existência, seremos curados de toda dependência do outro, de toda abaleidade. Ora, numa visão universal desse modo de existência, somos conduzidos a reconhecê-lo também em outras pessoas, na medida em que as pensamos não com relação a nós, mas em relação a elas próprias. Não é essa a maneira como o amor as pensa? No *tête-à-tête* com Deus, sem sair de nossa experiência realizamos sua transcendência se soubermos sentir esse para-si de Deus em

---

28 O argumento pela *causa* da ideia de Deus em nós; e pelo axioma: "deve haver pelo menos tanta realidade na causa eficiente e total quanto em seu efeito", tal como figura em Descartes, é outro exemplo do mesmo fato. Aqui, é a relação causa-efeito que serve de sinapse para o movimento de transcendência.

nosso diálogo; ou então um para-ele de nós-mesmos que por assim dizer muda, de um ponto de vista arquitetônico,[29] o centro de gravidade desse *tête-à-tête*.

Mais que nunca, não se trata de argumentação e especulação: é a realização efetiva desses atos ou desses momentos dialéticos que realizaria menos uma transcendência que uma transcendentalização (se ousamos dizer) do divino objetado. Essa transcendentalização reside inteiramente, como se vê, na transformação arquitetônica do sistema; que substitui um par no qual Deus depende do ser humano por outro formado com os mesmos elementos semânticos, mas no qual, morfologicamente (para falar com precisão), é agora o humano que depende de Deus.

Não nos cabe criticar em seus fundamentos o valor dessas ideias.[30] O que nos interessa são suas consequências aqui.

---

29 Sabemos que a expressão "existência-para-si" é hegeliana; e que ela comporta inclusive um germanismo, já que o *für-sich* implica uma ideia de existência separada (cf. também, p. ex. Lotze, *Mikrokosmos*, t. III, p. 535). Seja como for, Renouvier a transcreveu tal qual de Hegel e passou-a a Hamelin (cf. *Essai*, cap. V, 2: 2ª ed., p. 356-357); para quem a diferença de existência em si e de existência para si se coloca a propósito do "sistema atuante". "Temos que descobrir para ele um modo de existência que não nos remeta a outro e que não seja, entretanto, a existência em si... Todo ser livre... é para ele mesmo". Poderíamos, de resto, aproximar isso da crítica da "existência para mim" e da existência em si no Cogito feita por Maine de Biran (*Rapports des sciences naturelles avec la Psychologie*). Enfim, o problema de Deus *para mim* e em mim volta frequentemente no *Journal metaphysique* de Gabriel Marcel. Acreditaríamos de boa vontade que a verdadeira fé se exprime não em: "Deus para mim", mas em: "eu para Deus"; em um para-Ti, ou mesmo para-Ele, de todo ser que permaneceria válido, inclusive, com um retorno para o mundo. O verdadeiro amor também, talvez.

30 A crítica é, de resto, fácil. *Se* a operação é verdadeira, se é efetuada em sua realidade viva, ela consegue estabelecer para uma alma *seu* Deus em sua realidade com relação a ela. Ela toma para si, sacrificando a si mesma como pessoa, a personalidade *desse* Deus. Assim ela obtém a sua recompensa ou seu castigo. Ela tem o que queria. Tem o Deus que mereceu. Agora, todos esses Deuses – todos

Elas nos mostram não uma existência transcendente, mas uma transcendentalizante transformação arquitetônica do modo de existência. Ainda aqui, o fato de existência considerado vem se investir numa relação interôntica; na relação de subordinação arquitetônica – de "composição", poderíamos dizer (no sentido estético do termo) – que produz a situação correlativa dos dois elementos cuja relação muda. Os músicos compreenderão isso se pensarem numa "modulação enarmônica": essa sucessão de dois acordes feitos substancialmente das mesmas notas, mas cuja sucessão efetua uma mudança de tonalidade porque a nota que soava como tônica no primeiro soa agora apenas como dominante ou como sensível, etc.; e assim, todo o equilíbrio interior se modifica de maneira caleidoscópica, sem que os termos se modifiquem.

§72. Conclusão: não há existência transcendente, no sentido de que esse tipo de existência não é um modo de existir. É necessário que a transcendência problemática seja acompanhada de uma existência real, a ser atribuída à entidade problemática. E está *somente* aí o que faz sua existência; o fato de transcendência não sendo, portanto, de maneira alguma constitutivo e modal.

Porém, há fatos de transcendência: passagens de um modo de existência a outro. E nesses que acabamos de experimentar tematicamente, a transcendência, como passagem, como mudança ativa e real, aponta justamente nesta inovação modal: o investimento de existência na própria modulação e, de

---

os Deuses dos místicos ou dos crentes *reais* – formam um só Deus ou o próprio Deus? E em que condições? Esse é ainda um problema do segundo grau, um problema de sobre-existência. Em todo caso, é certamente por esse tipo de vias que o problema da teodiceia é *realmente* colocado; e não pelos *flatus vocis* de metafísicos ou de teólogos.

modo geral, na passagem, na ligação interôntica, nos intermundos da existência ôntica.

Esse é o último grupo de modos de existência que nos resta observar.

SEÇÃO III

§73 . Introduzimos, quase no começo deste estudo, uma comparação filológica ao recordarmos a oposição feita pelos linguistas, no discurso, entre os "semantemas" (substantivos, adjetivos, "elementos que exprimem as ideias das representações") e os "morfemas" (aqueles que exprimem as relações entre as ideias).[31] O que foi considerado na primeira seção do presente capítulo constituía, por assim dizer, a ordem dos semantemas existenciais. E as duas "tentativas temáticas" de transcendência consideradas na segunda nos mostraram a existência passando para o que se pode considerar, por comparação, como constituindo morfemas.

Mudança importante na própria base do ser. Tal mudança é necessária? Justificável, como fundamentalmente inerente a uma concepção completa da existência?

Aliás, o que vimos precedentemente era mesmo justificável?

Sim, decerto, se compreendemos bem a significação geral dessa pluralidade da existência. A existência é fragmentária porque se esboça em vários pontos diferentes ao mesmo tempo e permanece, assim, fundamentalmente descontínua e lacunar. Eis o que é necessário não perder de vista para se ver a existência tal qual ela é. E, entretanto, cada uma dessas investidas, cada *incipit* da melodia sempre nova da existência

---

31 Cf. Vendryès, *Le Langage*, p. 86. V. também mais adiante §76.

representa algo de surpreendente e sempre admirável: o sucesso local de uma tentativa na arte de existir. Essa arte supõe, já o vimos, que um modo preciso de existência foi encontrado e empregado – como quando para que uma ideia artística se realize deve-se decidir se será romance ou poema, pintura ou estátua, catedral ou sinfonia. O espantoso, poderiam dizer, é que não existem muitos desses modos. E isso provavelmente se deve menos a uma possibilidade de unificação do que a uma pobreza de recursos; que à preguiça, se podemos dizer, de uma imaginação ontagógica que se contenta indefinidamente com três ou quatro tipos de obra. Não porque sejam suficientes, mas por indigência e talvez hábito do ser. É verdade que é preciso contar com o desconhecido e que entra em jogo aqui apenas aquilo de que temos experiência... O ciclo percorrido é, evidentemente, apenas aquele que é de conhecimento humano. Absoluta ou relativa, essa pobreza é, em todo caso, razão suficiente da necessidade de conceber e de tentar o Outro como modo de existência. E isso basta para dar conta da mudança de investimento a que assistimos; dessas tentativas de evasão dinâmica que intercalam, por assim dizer, "notas de passagem" fora das "notas certas", fora das notas tonais da melodia; e que exigem, além dos estáticos acordes perfeitos, o dinamismo do acorde dissonante, princípio de movimento. Aí se atesta, na especificação necessária, não a ideia, o desejo dessas evasões, mas sua realização efetiva.

§74. Que subversão geral resulta daí quanto à base dada da existência? Poderíamos ter uma ideia evocando o heraclitismo ou o bergsonismo; ou, em outra ordem também importante de ideias, essas filosofias ou essas físicas que localizam a existência em átomos qualitativos ou *qualia* (Berigard ou Whitehead) com relação aos quais os sujeitos dessas qualidades não passam de complexos fortuitos, que se fazem e desfazem sem cessar. Porém, em todos esses exemplos, subsiste sempre uma tendência a conceber os novos existentes assim percebidos a partir do tipo ôntico; ou a admitir que reencontramos o ôntico por meio de considerações de complexos ou fazendo cortes no devir; ou ainda, assistindo a simples imobilizações; ou, enfim, porque o devir é sempre o devir de um ser e, portanto, coincide topicamente com uma ôntica (dizemos isso pensando sobretudo em Bergson). Para se dar conta completamente ao mesmo tempo da disjunção dos seres e da inovação do status de existência que a consideração dos próprios morfemas representa seria necessário, por exemplo, treinar-se imaginativamente da seguinte forma.

Que se pense, primeiramente, em uma visão destacando o ser de um status ôntico determinado, transportando-o sucessivamente a diferentes modos, de níveis diferentes; por exemplo, uma personalidade humana transposta sucessivamente em uma existência física, como corpo presente em um mundo de corpos, depois em uma existência psíquica, como alma entre almas, depois em uma existência completamente espiritual, fora do tempo e do mundo e, por fim, em uma existência divina e mística, na qual essa personalidade se confundiria com algum ser imenso e bom, do qual ela não seria mais que uma parte. Finalmente, sem colocar o problema da correspondência desses seres e de sua unidade (o que passaria ao segundo grau da existência), tomemos por únicas realidades essas passagens. Que se evoque um universo da existência no qual os únicos entes seriam tais dinamismos ou transições: mortes, sublimações, espiritualizações, nascimentos e renascimentos, fusões com o Uno e separação dele ou individualizações. Talvez assim se concebesse um tipo de vida divina (um pouco panteística? Não, mas sem seres); e em que não figuraria nem mesmo o Ser único como existente de tipo ôntico, pois ali só seriam reais, no fundo, os atos místicos. A única realidade seria o drama imenso ou o cerimonial desses atos... Os seres seriam aí acessórios implícitos, como os que uma criança supõe em um jogo. Não haveria necessidade alguma de que essas sombras se tornassem substâncias. O ser humano que morre se enganaria ao pensar sua morte como a consumação temporal da dimensão cósmica de um ser; e não saberia que a verdadeira realidade, nesse momento, seria o drama místico de uma morte, sobre o qual se apoiaria e por meio do qual se consolidaria o que ele próprio teria de realidade, participando dele como personagem implicado virtualmente na ordem da ficção.

§75 . Em um mundo assim concebido, o *evento*, o advir (*das Geschehen, the event* ou *occurrence*), esse gênero tão particular do fato,[32] ganha uma posição e um valor existenciais bastante comparáveis àqueles que havíamos reconhecido ao fenômeno, na outra visão do mundo a que foi consagrada a primeira parte deste capítulo.

[32] *Geschehen* se traduziria bem em francês por *avoir-lieu* (*ter-lugar*), com a condição de, nesse galicismo, levarmos em conta a abolição completa da espacialidade e mesmo do tópico temporal que a palavra "lugar" sugeriria. Heidegger, que insistiu sobre a importância do evento (do "historial", como traduz de maneira contestável o senhor Corbin), talvez não tenha marcado que chega não somente a originalidade do mesmo, mas a sua autonomia como dado existencial que pode bastar a si próprio; como que dando apoio e consistência a toda outra realidade abordada por ele. Whitehead e Alexander atribuem também uma grande importância à oposição entre ser e evento. Porém, Lotze, um dos primeiros a ter mostrado (v. *Mikrokosmos*, t. III, p. 497-498) esse caráter existencial do evento, que o faz transbordar, enquanto *Wirklichkeit*, o domínio da *Realität*. Antes, a suficiência do evento, reconhecida por certos filósofos, foi frequentemente combatida em razão de uma visão substancialista. É o caso dos estoicos, para quem o evento, sendo incorporal, não é mais que um epifenômeno do ser e supõe a substância (cf. *Bréhier, Théorie des incorporels dans l'ancien stoïcisme*). Ver também sobre o epicurismo, Lucrécio, I, 457 sq. Sobre a importância metafísica e mística dos "eventos" para Pascal, v. *Le Mystère de Jésus*.

Assim como o fenômeno é, sob certos aspectos, uma presença suficiente e indubitável com a qual se poderia, caso fosse necessário, construir todo um universo, mas que é natural retomar e compreender em construções ou modos diversos que podemos reunir em um tipo de ordem ou reino geral do ôntico; assim também o evento é um absoluto da experiência, indubitável e *sui generis*, com o qual poderíamos fazer todo um universo, talvez aquele mesmo da ôntica, porém com uma base de existência completamente outra; e que sustentaria (como o fenômeno sustenta a ôntica) um reino de transições, de conexões – do sináptico, se quisermos forjar um termo geral, em oposição com a ôntica.

A grandeza do evento não decorre de ele ser transitivo ou dinâmico, nem mesmo de ele ser singular e *hic et nunc*, mas de que ele é o fato, o que tem lugar.

No ter, no fazer, no próprio ser; no nascer ou perecer, no vir ou partir, há algo que difere em profundidade e de maneira fundamental da simples ideia ou significado dessas ações: há o fato; há o "isto é", o "isto advém". Estava segurando este copo, larguei-o e ele se quebra. Certamente podemos, ao escrever, reduzir esse indubitável do fato à consideração de uma essência: a entidade do "quebrar-se" com o que ela implica de ôntica frágil, duas vezes constituída: uma segundo a ideia do copo inteiro; a outra segundo a ideia do copo em cacos. Mas tudo isso não nos aproxima da apreensão do próprio dado: aqui, neste momento, há o quebrar-se. O acontecimento efetivo; o fato do fato resta irredutível. Uma única forma o exprime verdadeiramente: a verbalidade do verbo, da parte do discurso em que se exprime a diferença entre "vir" e "vem", "cair" e "cai", "caía" ou "cairá".

É o que Descartes sente de maneira confusa e deixa escapar com o *Cogito*; no Cogito, há o eu, há o pensamento, há a existência do eu e do pensamento. Mas há o fato do "Eu penso" em seu acontecimento efetivo. Modo de existência absolutamente diferente daquele do eu ou do pensamento. E enquanto o reduzirmos a uma atualização dessas duas entidades, o eu e o pensamento, deixaremos escapar um elemento insubstituível: o isso tem lugar. Mais tarde ele terá tido lugar. É fato acontecido. O Cogito não é apenas a prova de existência do eu e do pensamento, ele é evento que se pronuncia por si mesmo e irrompe como um copo se quebra.

Um instante atrás havia um copo inteiro; agora há esses cacos. Entre os dois, há o irreparável. Irreparável, insuprimível, inescamoteável mesmo pelos mais sutis recursos do espírito, que pode dele se desviar, mas não contradizê-lo. Patuidade desse irredutível. Tal é a existência do fato.[33]

Por ser essa patuidade tão semelhante à do fenômeno, confusões se apresentam e se inscrevem na linguagem. O físico chamará, de bom grado, o fenômeno de fato e o fato de fenômeno. Isso porque há, mas não sempre, fenômeno do fato; como há fato do fenômeno. Mas os dois são essencialmente distintos.

A conexão com o fato, com o evento, é a eficácia.

*

§76. No que diz respeito ao mundo do sináptico, esse mundo que se comunica melhor com o fato que com qualquer outro modo de existência, sabemos a importância que W. James atribuía – na descrição do fluxo da consciência – ao que ele chamava "um sentimento de *ou*, um sentimento de *pois*". Estaríamos aqui em um mundo onde os *"ou bem isso"*, ou os *"por*

---

[33] Sobre o fato, há boas coisas (com um pouco de *páthos*) em Strada. Ver *Ultimum organum*, t. II, p. 128: "em se fazendo elemento, o fato é mediador entre o ser e o espírito", etc.

causa de", os *"para"* e, sobretudo, os *"e então"*, *"e em seguida"* seriam as verdadeiras existências.

De um lado, reiteramos, os semantemas da existência, dentre os quais o fenômeno puro representaria muito bem o adjetivo puro, tornado autônomo, separável de toda ordem substantiva que a ôntica representa.[34] De outro, o sináptico, na ordem dos morfemas, corresponderia a todo esse material gramatical (conjunções, preposições, artigos, etc.) ao qual oporíamos o evento (compreendendo-o na mesma ordem morfemática) como correspondente à essência própria do verbo.

Seria um tipo de gramática da existência que decifraríamos assim, elemento por elemento.

Não cabe aqui inventariar em detalhe (veremos logo adiante, no §84, o porquê) o conteúdo desse modo sináptico. Um punhado de exemplos será suficiente para situar e evocar, em sua riqueza, a nova ordem que acabamos de definir.

§77 . A estrutura do tempo nos servirá de exemplo. Quer a concebamos como uma dimensão cósmica, como uma ordem de atributos sucessivos, etc., essas concepções supõem sempre uma estrutura imanente a um conjunto ôntico: universo, psiquismo singular ou cosmos psíquico do pleroma das almas, não importa. E esta é, de fato, uma concepção válida do tempo, de certo ponto de vista.

Porém, se, de outro ponto de vista, resolvemos o problema do tempo nessa vecção, nessa polarização, nessa maneira como o tempo presente foge para o futuro que se faz, então é essa passagem, é essa transição que é ao mesmo tempo a alma do tempo e o fundamento de sua realidade subjetiva. O

---

[34] "O resultado último da evolução da palavra abstrata em direção ao concreto é fazer dela um adjetivo." Vendryès, *Le Langage*, p. 155.

futuro não é assim um status particular de existência, vizinho do possível, do eventual, do "em-potência" e ainda do velado, do desconhecido transcendente (e em todas essas vias, que dificuldades encontramos!). O futuro é a realização virtual que completa o movimento desse presente inclinado sobre o futuro – desse futuro que cai no presente.

Assim, o evento por vir é como que demandado e captado; depois dispensado e reenviado para o passado por essa forma constante, por esse "*e depois*", por esse "*e então*", cuja essência é estar situado, não no instante, mas entre dois (que se pense na palavra *entrefaite* (ínterim, entretempo), no intermundo: entre o instante que parte e o instante que vem. E o instante, sendo puramente presente, logo imóvel e morto, não passa ele próprio de uma dependência virtual desse entretempo, quase mais pobre que o passado, esse imaginado.

§78 . Claro, a *reciprocidade*, cujo significado como poderoso meio de transcendência vimos há pouco, viria também nessa ordem existencial. Mas é preciso compreender bem sua natureza, que esse exemplo colocava tipicamente em evidência.

A reciprocidade é existencial, no sentido de que a ligação que ela testemunha incide sobre o fato de ser. Não há paixão sem ação, tal é o exemplo que anteriormente nos mostrava uma via para passar em transcendência do humano ao divino. Mas que fique bem claro: não se trata de passar, por essa via hipotética, do existente ser humano ao existente Deus. Se trataria, isto sim, de um investimento próprio da existência nessa ação conjunta; ou no mistério suposto dessa ação-paixão. Como fato, evento, existência, a reciprocidade seria o ato desse mistério; atestando sua existência própria como evento, e não a dos dois personagens que o mistério comporta ou instaura, e que não existiriam senão em relação a ele.

Apenas essa relação existiria, portanto. E logo se vê em que o projeto de Hamelin seria definitivamente impossível, já que é da relação que proviria toda a representação. Pois de um mundo de relações jamais se faria sair, como existente, qualquer realidade ôntica. Haveria aí mundos diferentes ou duas interpretações existenciais de um mesmo mundo; a menos que se encontre, inversamente, os meios de uma transcendência que coloque o termo como existente, fora da relação.

§79 . Assim também a causalidade, essa conexão funcional e dinâmica na medida em que permite uma regressão ao infinito, será mais existente – operando sinteticamente como traço de união – que os elementos mensuráveis dos fenômenos, os quais, quanto a sua realidade, são sustentados pela causalidade (ver §103).

§80 . E vemos ainda qual é a verdadeira significação dessa existência para si ou para alguma outra coisa que serviu anteriormente para caracterizar a passagem do ciclo precedente a este. As modulações de existência *"para"*, de existência *"diante"*, de existência *"com"* são espécies desse modo geral do sináptico. E, por esse meio, podemos facilmente nos curar do excesso de importância concedida, em certas filosofias, ao famoso ser-humano-no-mundo, pois o ser humano diante do mundo e mesmo o ser humano contra o mundo (*adversus*: o "contra" como conflito, colisão e choque violento, busca de uma tomada de posição ascendente completamente ofensiva) também são reais. E, inversamente, há também o mundo no ser humano, o mundo diante do ser humano, o mundo contra o ser humano. O essencial é bem sentir que a existência, em todas as suas modulações, se investe, não no ser humano ou no mundo, nem mesmo nos dois em conjunto, mas nesse "para", nesse "contra", onde reside o fato de um gênero de ser, e que, desse ponto de vista, sustentam tanto o ser humano quanto o mundo.

§81 . Vemos ainda – corolário importante – como a visão desses fatos resolve de maneira muito simples (ainda que, talvez, com alguma decepção por parte de alguns metafísicos) o antigo problema de saber se a cópula do juízo, com a palavrinha "*é*", implica, realmente, existência.

Certamente ela implica a existência; sob a condição de que se saiba que ela não implica nem a existência substantiva do sujeito, nem aquela (de qualquer maneira que se queira interpretá-la) do predicado; mas somente a da sinapse, da cópula como existência da relação de inerência, que se trata de ver, nessa perspectiva, em sua existência pura, que é do modo sináptico; existência que sustenta a do sujeito e a do atributo, em que eles são supostos em um mesmo fato que, ele sim, é o verdadeiro existente.

*

§82 . Inútil insistir. Inútil inventariar outras espécies. Esforcemo-nos para fazer incidir o peso do pensamento sobre o essencial, sobre a significação filosófica geral dessa oposição entre os dois ciclos existenciais percorridos.

Eles correspondem, evidentemente, aos dois modos de exploração já brevemente assinalados (§16): seja o de se ocupar de todo conteúdo ôntico da representação, reparti-lo, cliváb-lo em modos existenciais; seja o de partir de uma ôntica qualquer, única, e procurar por meio de quais ligações se "modula", no sentido musical, a partir dela, em direção a outras tonalidades existenciais. Tratava-se, então, de propor métodos.

Porém, agora, não se trata mais de uma questão de método. A oposição, assim colocada em evidência, é real. E, para compreendê-la melhor, é preciso avaliar o que pode haver de profundo na ideia do poeta que nos falou
De um mundo onde a ação não é a irmã do sonho.
O sonho e a ação são dois grandes exemplos da opinião existencial que se propõe a nós a partir do momento em que se trata de operar, efetivamente, realizações.

Do segundo ciclo aqui estudado, a ação – e não o ato nem a atividade – é o tema mais típico. Um ser humano pode, pela imaginação ou pela percepção, estabelecer o cenário ôntico de sua vida. Ele pode sustentar um modo de realidade sobre o qual se apoiará, em que se constituirá e que estabelecerá um mundo de seres, do qual ele será um entre outros. Seres de sonho ou de existir físico e concreto, não importa. O que não é no existir físico, ele poderá fazer com que seja no sonho. Em todos esses casos ele será demiurgo e criador ou sustentáculo de um gênero de realidade. Mas, optando pela ação, ele se aprofundará em outro gênero de realidade, optará por uma maneira de ser completamente outra. Nela, todo o verbal será vão, e todo o estável da ôntica, fantasmal. Não haverá mais, propriamente falando, universo do discurso. Haverá somente essa ação própria ao gênero do evento. E, para se estabelecer aí, para aí se situar existindo, no sentido em que existe a ação, será necessário sacrificar (sacrifício enorme, apavorante) toda essa ôntica sólida e estável de si mesmo e do mundo que, de outro ponto de vista, parecia tipicamente substancial. Recompensa? Unicamente esse aprofundamento em um gênero de existência que oferece então por si só, não sem vertigem, a participação no real pela própria operação dos feitos da ação.

Escrevemos para filósofos; escrevemos para quem comumente só conhece o nome da ação e não a própria ação; e para quem o fato de optar, completa e totalmente, pela ação representa uma renúncia a tudo o que lhes parece a vida real (eles a denominam vida do espírito) porque é desse lado que se encontra toda ontologia, com sua metafísica própria. É por essa razão que temos pouca esperança de fazê-los entender aquilo de que falamos a não ser fazendo com que o sintam negativamente em seu horror à seguinte ideia: fechar todos os livros, cessar todos os discursos, esquecer todas as teorias que sustentam o mundo da ôntica e entrar na ação por meio de uma renúncia à filosofia que professam; como Pascal renunciou à matemática ou Rimbaud renunciou à poesia. Entrar em alguma grande aventura em que o evento se torna a verdadeira substância; e as ligações com todos os seres, unicamente transitivos e situados ou constituídos na própria ação e segundo seu modo.

Gênero de vida que lhes assegurará uma experiência desse modo de ser; e tanto mais exigente dado que o difícil não é agir uma ou duas vezes por acaso: o difícil é agir sempre, ser compreendido num agir tão vasto que englobe toda a vida em cada um dos seus minutos, tirânica, totalitariamente; que dê a ver, em suma, a formação de uma cosmicidade (*cosmicité*) no pleroma das ações e a inserção da vida nessa cosmicidade.

Ora, queremos atrair a atenção para o alcance dessa evidência da realidade da opção assim efetivamente feita. É bem verdade que a ação não é a irmã do sonho. Nessa subversão assustadora em que nosso mundo habitual se despedaçaria ou se dissiparia, podemos, evidentemente, nos refugiar no sonho para nele restabelecer um fantasma deste mundo ou de um melhor. Podemos ainda nos refugiar na contemplação daquilo que o mundo real nos oferece de fraterno a esse sonho, ainda que apenas pela beleza das coisas ofertadas a nós pelo céu, pelas árvores e pelas águas. Mas podemos também pegar na mão a arma ou a ferramenta e agir. De início, na imediatez do ser e no primeiro grau, os dois são inconciliáveis: são investiduras radicalmente diferentes de vida e de existência. Isso é tudo o que queríamos dizer.

De uma maneira geral, a necessidade para o ser de optar entre modos de existência é o signo do fato de que a especificidade dos modos de existência não corresponde a um ponto de vista inferior, relativo ou secundário, mas, pelo contrário, ao ponto de vista da existência sobre seu próprio terreno; o "primeiro grau" da existência cujo teor acabamos de tentar explorar um pouco mais, é o plano primeiro; não somente básico, mas direto, exato e preciso, da existência. É nele que a existência é. Nele ela se assenta, nele ela reside. E ela é exigente.

§83. Não se deve, naturalmente, conferir uma importância dominante e constitutiva a essa oposição entre a ordem da existência ôntica e a da existência pela ação. Quisemos mostrar, por meio desse exemplo tópico, a realidade viva e o patético concreto, prático, dessas clivagens da existência que forçam à opção, porque a existência é um certo modo de existência; e é necessário que uma posição tenha sido tomada para que uma existência seja real. É claro, nenhuma dessas posições é temporalmente definitiva, salvo se as condições cósmicas implicam assim num definitivo prático, por exemplo nos limites da vida humana em sua dimensão. Posso – "um fruto e depois outro fruto", como diz Maomé – degustar diversos tipos de existência; constituir isso com que sonho, primeiro na ordem do sonho, em seguida na da existência física e concreta. Posso me despojar do velho ser humano e tentar, por minha própria conta e risco, uma nova vida em um mundo completamente outro e ainda não experimentado por mim. Mas é necessário ver claramente que cada uma dessas tentativas é, como *démarche* de existência, um posicionamento absoluto, uma opção metafisicamente definitiva. O ser assim instaurado é totalmente e fundamentalmente o que ele é, ou seja, de tal ou tal modo. Não se tergiversa com essa deidade, a existência. Não se pode enganá-la com palavras capciosas, que mascaram uma opção não feita. Ser e não ser tal qual não vale. Talha a ti mesmo no tecido de existência que quiseres, mas é preciso talhar e assim ter escolhido entre ser de seda ou de lã crua.

§84. Para dizer tudo, com poucas palavras, *os diferentes modos de existência são os verdadeiros elementos.*
  Podemos ter uma conta exata deles? Provavelmente; se levássemos adiante a comparação filológica aqui várias vezes empregada, poderíamos nos orgulhar de termos estruturado o quadro completo dos modos de existência pela espécie de quadratura ou de simetria de composição que esse quadro apresenta, quando é tomado a partir do fenômeno, para seguir este nas formas do reino ôntico. Em seguida, retomar a busca no reino do sináptico, que, por sua vez, se concretiza no evento e nele se sustenta. De tal forma que um quadro filológico das partes do discurso poderia nos dar a impressão de fornecer as molduras para um quadro geral dos modos.
  Porém, para além do caráter empírico e limitado dessa expressão filológica; para além do fato, particularmente importante, de que a inscrição filológica é apenas uma tentativa aproximada, insuficiente, de exprimir algo de muito mais fundamental, analisado do jeito que dá por essa expressão; sem contar toda a importância que deve ser reconhecida aos inominados e aos inexprimidos – é necessário desconfiar, sobretudo, do aparente fechamento sobre si mesmo do quadro que uma simetria talvez vã, baseada na oposição entre semantemas e morfemas, assim dispõe. Ela mascara o fato essencial de que o quadro é aberto. Os dois reinos assim inventariados

empiricamente em seus modos compreendem, cada um, modos em número provavelmente indefinido, que deixam um hiato, um abismo talvez jamais preenchido em seu conjunto. Por fim, a estrutura obtida depende, sobretudo, da ordem adotada para essa pesquisa, para esse percurso; ordem que não é necessária. Ela simboliza, de fato, com essa dualidade de método assinalada várias vezes (§16 e 82) e que pôde nos conduzir em nossa investigação. É suficiente para nos assegurarmos de que provavelmente não omitimos nada de importante, mas não para nos assegurarmos de ter apreendido a ordem verdadeira dos elementos, dos modos do ser. Aliás, haveria mesmo tal ordem? A ideia dessa "ordem" é válida?

§85 . Considerando, no início dessa investigação, a pluralidade hipotética desses modos, o mundo assim múltiplo nos impressionava sobretudo por sua riqueza. Ele pôde agora há pouco nos impressionar também por sua pobreza. Preguiça do ser, dizíamos então. Mas também, lacunas felizes, abrindo seu vazio para novas vias a experimentar. *Tentanda via est... Avia Pieridum peragro loca...* Para nós, seres humanos, indefectíveis esperanças. Nenhuma relutância pode ser oposta a tal modo de existência fresco e novo, ou mais sublime. Não se trata, apenas, de constatar modos reconhecidos e indubitáveis de existência, mas de conquistar novos. E os mais importantes talvez sejam aqueles que na condição humana real se pronunciam muito pouco e restam de tal maneira em estado de esboço ínfimo e de instauração precária que escapam à consciência. Pense, para ter uma ideia, no que foram os primeiros esboços da existência espiritual para o ser humano quando nem a moral, nem o pensamento religioso, nem a ciência e nem a filosofia forneciam, distinguiam ou concretizavam os elementos dessa vida, e os primeiros fatores de sua realidade faziam estremecer o pensamento de um selvagem ou de um bárbaro, na sua caverna, como uma aparição sem permanência e sem nome. Ocorre aqui, decerto, o mesmo que na arte, na qual os grandes instauradores mais do que serem verdadeiros inventores são aqueles que souberam discernir, nos balbucios de certos precursores, o lineamento de um estilo novo por eles desenvolvido, magnificado e legitimado em grandes obras.

Ao dizer que cada ser, para existir, deve descobrir seu modo de existência, ou que devemos descobrir seu modo de existência para ele, dizemos também, forçosamente, que há modos de existência ainda inominados e inexplorados, a serem descobertos para se instaurar certas coisas, que serão letra morta enquanto esse modo não tiver sido inventado, inovado.

§86 . É preciso, por isso, resistir vigorosamente à tentação de explicar ou deduzir esses modos de existência já reconhecidos. Guardemo-nos da fascinação dialética. Decerto seria fácil, com um pouco de engenhosidade, improvisar e esboçar em grandes traços uma dialética da existência para provar que não pode haver outros modos de existência senão esses; e que eles se engendram uns aos outros numa certa ordem. Mas, ao fazer isso, subverteríamos tudo o que pode haver de importante nas constatações aqui feitas.

Atraídos pela analogia filológica, poderíamos demonstrar não haver mais que quatro partes do discurso, às quais nossos grupos corresponderiam de fato: adjetivo, o fenômeno, ou seja, ser patente como manifestação clara, com, no limite, o *quale* instantâneo, liberado de todo vínculo substancial; substantivo, o ser idêntico e permanente, com, no limite, a eternidade, a substância que permanece; verbo: ser real como evento, ação, fato, com, no limite, a suficiência do ato que se estabelece e se define por sua força, e não, como no caso do fenômeno, por sua essência qualitativa; preposições, conjunções, artigos, enfim, tudo o que é real como determinação correlativa ou completiva convocada por sinapse.

Tentativa enganosa; falsa clareza. Máquina metafísica, o que desejas de mim? Ela nos enganaria ainda mais por nos sugerir a ideia de estar na presença dos elementos necessários a um discurso completo. O que seria a ideia mais falsa que se pode ter desses gêneros.

É preciso tomá-los tais como são: como *arbitrários*. Pense nisso: um pintor primitivo pode ter em sua paleta as terras coloridas que o seu solo e seu meio técnico lhe fornecem: ocre, amarelo, ocre-vermelho; argila verde, preto de fuligem. Será preciso que ele se contente com o que tem; e é com essa gama de cores que pintará: ela se impõe a ele por pobreza, por renúncias do dado em sua contingência. O mesmo se dá com a escala que o músico rústico tem à sua disposição por causa dos poucos furos que fez em sua flauta. De um dado inicial contingente, ele conduz, talvez por necessidade, suas modulações ao outro, em relação a esse dado. Mas o dado inicial é arbitrário.

Acontece assim com os anodos. *Os modos de ser são contingentes*. Cada um tomado por origem pode evocar, por dialética, tal ou tal outro. Mas cada um tomado como origem é, por sua vez, arbitrário, gratuito. Eis o que não se pode perder de vista. Assim, toda tentativa para legitimá-los a partir de um dentre eles considerado como privilegiado é falta grosseira e abismo de erro. Tomados em uma determinada ordem, qualquer um pode estar subordinado aos outros. Porém, quando tomados em si, *todos são iguais*; e outros, em número indefinido, dentre os desconhecidos, teriam os mesmos direitos. Evitemos, portanto, fechar seu ciclo explicando-os.

Ainda nesse caso a comparação com a arte é a mais fiel. A escultura não vale em si mais que a pintura, tampouco a música mais que a arquitetura. É verdade que tal ou tal obra se realizará melhor, como em seu meio favorável, em escultura que em pintura, em bronze que em mármore ou argila, etc. Caso específico (retornaremos a isso: ver também o §73). Porém, não se criará, por isso, de nenhuma maneira, um primado geral do bronze sobre o mármore ou sobre a argila. Assim também, tal obra humana se realizará melhor no sonho que na ação, tal outra melhor na ação que no sonho. Tal realidade se instaurará melhor no espiritual que no corporal, mas não é por isso que vamos crer ser o espiritual melhor que o corporal. Cabe lembrar certo fato sublime que exige um corpo: o sacrifício da vida; e que o verbo pode ganhar em grandeza ao se fazer carne; porque tal obra exige a carne.

Rejeitemos, portanto, toda tentação de estruturar e de hierarquizar os modos explicando-os dialeticamente. Você nunca conhecerá propriamente a existência se não levar em conta esse arbitrário que é um de seus absolutos.

§87. Logo se vê como seria vão tentar contar nos dedos os modos de existência, procurando fixar antecipadamente seu número. Contentemo-nos com ter justificado a pluralidade existencial da única maneira que ela pode ser justificada. A existência tem necessidade dessa variedade, como a paleta do pintor tem necessidade de muitas cores ou a flauta elementar do músico mais rústico tem necessidade de diversas notas. Sem dúvida, com duas ou três cores, com quatro ou cinco notas, podemos fazer nobres pinturas ou belas melodias. Mas sem excluir que haja inovação, que se acrescentem novas cores a essas pinturas ou novas notas a essa pobre escala rústica. Pensemos no que foi a invenção do sustenido como abertura para novos universos com novas tonalidades!

§88. Ora, evidentemente, tentativas de unificação são possíveis – desde que não sejam vãs totalizações buscando fechar o conjunto desses elementos em um discurso finito, em uma gama definitiva, em um universo único. Mas, por exemplo, não haveria perspectiva para uma solução única na forma de uma dialética única da existência, válida através de todas as suas modalidades?

Talvez. Provavelmente, inclusive. E não pareceria estranho procurá-la em algo que participe antes da arte que de qualquer outra via instauradora apta a fornecer um modelo qualquer para isso – sob a condição de ampliar bastante a arte e tomá-la em seu princípio puro: uma arte de existir comum ou pura, comum a essas diferentes artes de existir entre as quais é preciso efetivamente escolher e praticar uma para se ter existência. Mas tal solução, em sua verossimilhança, não aboliria jamais a diversidade dos pontos de partida, das linhagens originárias e, portanto, a originalidade de cada um dos posicionamentos iniciais que nortearam cada realização.

Teríamos assim uma unidade dialética possível, hipotética, além ou aquém da existência.

Quanto à própria unidade existencial, à instauração real do Único, que legitimaria a unicidade teórica da dialética em obra, ela suscita o grande problema, não de um apagamento ou de uma resolução involutiva dessa diversidade originária, mas de sua superação pela retomada de todas essas linhagens em um feixe comum por meio de instaurações ao mesmo tempo complexas e, entretanto, convergentes.

Essa é a última das questões que devemos considerar. Talvez, possamos nos perguntar, desde já, se ela não participa, até certo ponto, da hipótese e do ideal, porquanto o quadro das especificidades existenciais é, e deve permanecer, aberto, isto é, incompleto, no sentido de que deixa espaço seja ao desconhecido, seja ao ainda ininventado e irrealizado...

§89. Em particular, quanto a essas duas metades – esses dois tetracordes – do semantema e do morfema, ou, sob outro ponto de vista, do ser (ôntica) e da ação, decerto não se exclui a possibilidade de se conceber uma síntese unificante. Essa opção entre a ôntica e a ação, que foi esboçada anteriormente, não pode ser ultrapassada? A ideia de instauração pode ser mediadora nesse caso. A tética é ao mesmo tempo ação e posição de uma ôntica. Ela é ontagógica. Uma filosofia da instauração reunirá simultaneamente os modos do agir e os do ser, estudando como e por quais meios eles podem se combinar. Mas esses são problemas que evocam inelutavelmente (pensemos no caráter essencialmente plurimodal da experiência anafórica) aqueles da sobre-existência e uma passagem ao plano do segundo grau, a respeito do qual nos resta dizer algo. Não esqueçamos que, em certo sentido, ele nos distancia da existência. Para além de ser transcendência em relação a certos modos, esse plano é transcendência ao próprio existir em seu teor direto, a partir do momento em que se trata de fazer convergir seus diversos modos fora do plano no qual eles se colocam, ou seja, fora do próprio plano da existência que só eles definem legitimamente.

IV . DA SOBRE-EXISTÊNCIA

Os problemas da unificação; a participação simultânea em diversos gêneros de existência; a união substancial. A sobre-existência em valores; existência qualificada ou axiológica; separação da existência e da realidade como valores. O segundo grau. O Über-Sein de Eckhart e o Uno de Plotino; as antinomias kantianas; a convergência das realizações; o terceiro grau. O status do sobre-existente; sua relação com a existência. Conclusões.

§90. A existência são todas as existências; ela é cada modo de existir. A existência reside e se realiza de maneira integral em todos e em cada um tomado separadamente.

É preciso depreender daí que ela é irremediavelmente separada de si mesma? Que, por e em sua diversidade modal, a existência encontra-se cindida?

O problema é inevitável e difícil de ser bem formulado. Abundam os falsos problemas, assim como as falsas soluções por conta de sua má formulação; o que se vê sobretudo entre aqueles que, atentos de maneira geral aos temas filosóficos mais revolvidos atualmente, fazem desses um amálgama enganoso das questões relativas ao ser e à existência, especialmente no que concerne ao problema da unificação.

Unificar-se pode ser um esforço em direção à identidade. Há seres esparsos – esparsos em um dado modo de existência e que procuram sua identidade. Problema já encontrado e estudado por nós (cf. §47). Por exemplo, o de se curar da dispersão fenomênica. Conseguir comungar consigo mesmo, sob esse aspecto, é encontrar sua unidade ôntica, sua verdade de ser no modo ôntico.

A comunhão com os outros é um problema do mesmo tipo. Não implica nenhuma mudança de modo. Por meio do amor, da caridade, da unanimidade, da harmonia, da correlação orgânica, de forma unificante se instaurarão um corpo maior, uma alma extensivamente mais vasta, um ser mais complexo, microcosmo, obra, grupo social ou simples duo do eu e do tu, não importa. No máximo, distinguiremos aí, como modalidades diferentes, a existência sozinho e a existência junto. Porém, para a parte, conquistar esse existir junto é ver transferido ao ser global instaurado esse existir sozinho que a parte cede.

Mas aqui temos outro problema. Quando a parte deseja a existência junto, ela deseja um modo diferente. Ela quer se transpor a ele. Ela quer se curar não da dispersão em um modo de existência, mas desse modo. E há, como já vimos, muitas outras formas desse desejo do outro. Ferida original: a presença de si, o encontro inicial de si em um gênero de existência insatisfatório. Esforço: ir em direção ao outro, em direção a si no alhures; encontrar um novo plano de existência no qual a afinação de si mesmo é melhor; no qual se reconhece possível esse ser melhor em que estaríamos compreendidos; ser que preferimos a nós mesmos e ao isolamento inicial.

Problema prático, concreto, vivível, no qual se delineia, ao mesmo tempo, uma questão crítica e reflexiva: como podemos ser nós mesmos no alhures? Como um mesmo ser pode residir e se encontrar, sendo sempre ele mesmo, em dois modos diferentes de existência?

Em certa medida, é ainda um problema de identidade, mas de identidade plurimodal. Tivemos anteriormente (cf. §47) que comparar a identidade unimodal a uma sorte de curvatura do plano de existência, ondulada ou amassada de tal maneira que o que está nela separado entra em contato consigo mesmo e se interpenetra, se integra em uma mesma existência ôntica. Mas agora se trataria de curvar, de colocar em contato e interpenetrar dois planos de existência, de maneira que um mesmo ser, ao mesmo tempo, ocupe um lugar em um e em outro plano.

E eis a questão que se apresenta então: esse ser plurimodal, em sua identidade, é plural? Ele é a soma e a unificação ôntica de dois modos de existência que simplesmente se comunicam? Ou desenha, em uma nova maneira de ser – existência ou sobre-existência – uma realidade que, em vez de reunir e adicionar simplesmente tal e tal modo, ultrapassa a diversidade deles e coloca, não por intermédio de sua identidade, mas por sua unidade, alguma outra coisa, em um status superior à dupla especificidade existencial dada?

§91. Sob essa forma, o problema pode parecer abstrato, construído, forjado demais. Entretanto, ele é real e corresponde a experiências ou aspirações concretas, viváveis.

Deixamos a esse respeito, mais acima (§55), uma expectativa aberta. Tratava-se de nossa relação com nosso próprio corpo. Apontamos acerca desse corpo próprio o quanto sua existência é pouco corporal: ela é, sobretudo, a expressão de uma sujeição psíquica.

Comumente somos almas, ou antes, simplesmente psiquismos, tendo em vista que a palavra alma evoca riquezas virtuais, harmonias e grandezas pretendidas. Mas não nos demoremos nessa diferença.

Para se fazer a pergunta nos termos de G. Marcel, nós somos almas e, esse corpo, nós o temos. Mas podemos ser também esse corpo?

Dirão: estranho desejo! Não somos felizes em ser uma alma? Se fossemos um corpo em primeiro lugar, não desejaríamos ter uma alma, ser essa alma? (E de fato, nós, psiquismos, precisamos de uma ascese para termos uma alma.) Mas deixemos esse problema de lado e não distingamos alma e psiquismo para efeito de clareza da narrativa. É alma que somos. E esse corpo que temos, é insensato desejar sê-lo? Desejar também ser esse corpo? O Verbo, dizem, desejou se fazer carne. É que, com efeito, como vimos anteriormente, o corpo não é inferior à alma: ele possui suas propriedades específicas. Ele pode sofrer a dor e a morte e pode ofertá-las. Os heréticos monofisistas sustentavam que o Verbo *teve* um corpo, mas não *foi* esse corpo; que *ele* não sofreu nesse corpo nem morreu na cruz. Tal posição contém a recusa de, pelo menos, uma bela ideia moral. E não somente a dor e o sacrifício estão ligados a essa existência corpórea, mas também a alegria, a participação física na natureza.

Somos nosso corpo? Estamos ligados a ele, obrigados a segui-lo; acorrentados a ele pela sinapse causal. Mas posso ser, facilmente, meu corpo? Talvez eu tenha acreditado me aproximar dele em certas horas, nas quais, deitado sobre a relva, entregue ao sol, ao vento do mar, acreditei estar em comunhão com a Mãe Terra, com a realidade do Grande Fetiche. Acreditei, por um instante, ser matéria, um corpo em meio aos corpos. Mas, quanto havia ainda de ficção e de imaginação nisso? Seria possível que Descartes e posteriormente todos os cartesianos tenham se preocupado com um falso problema? Que, afinal (quase não ousamos dizer), não haja, de maneira alguma, união substancial nem mesmo em Deus? Apenas colaborações (sei me servir de meu corpo, este instrumento, e ele também sabe se servir de mim); e transições e correspondências; e um certo hábito de estar junto. Mas daí a ser ele, há uma distância; e distância também daí a um ser que seja ao mesmo tempo esse corpo e essa alma, não num simples agregado, mas em uma superação da sua dualidade, sem subversão, entretanto, nem aniquilação de suas existências específicas.

E, é claro, o problema se coloca exatamente nos mesmos termos quando se trata não mais de psiquismo e de existência corporal, mas de existência psíquica cotidiana e concreta, e de existência espiritual e sublime, etc.

Ora, aqui, a ideia de totalidade é absolutamente inoperante, insuficiente; ela é de outra ordem, se desenvolve em outro registro filosófico, orquestra problemas completamente diferentes, sempre relativos ao agregado ôntico e, de modo algum, a essa superação da heterogeneidade existencial plurimodal. Esse é o ponto a que devemos nos manter atentos em toda a discussão que se segue. Há poucos sistemas, principalmente monistas, que não caiam em pesados erros quanto a isso por confundirem o ôntico e o existencial e, correlativamente, a totalidade e a unidade; confusão que, por sua vez, anula a distância que pode haver (distância noética, mas talvez também distância metafísica e verdadeiramente ontológica) entre um simples agregado plurimodal e uma nova realidade superando a pluralidade existencial, em cada plano da qual, no entanto, a existência se realiza completamente.[1] É nesse ponto que a

---

[1] É fácil perceber que o monismo espinosano, sem resolver o problema (longe disso), o entrevê, todavia, e o ilustra pelos vãos esforços tentados para escapar dele. A unidade (que não deve ser confundida com a unicidade, cf. Cog. Metaph., I, VI) esta aí muito longe de ser simplesmente a totalidade. Mas é aí que se abrem todas as dificuldades. Em todo caso, é preciso notar em Espinosa – como meio de se defender dessas dificuldades e, por conseguinte, de reconhecê-las –, de uma parte,

§92. Uma primeira abordagem – perigosa, mas importante – da ideia de sobre-existência pode ser tentada na ordem do valor. Precisamente porque é perigosa, deve-se necessariamente começar por ela, nem que seja para nos colocarmos em guarda contra os perigos nela implicados.

§93. Ainda que não tenhamos contado nos dedos os gêneros de existência, esperamos não ter omitido nada de essencial. Todavia, não há certos aspectos existenciais que correm o risco de ser mal compreendidos quando colocamos todos os gêneros de existência no mesmo plano, declarando que são iguais?

a atenuação do caráter existencial dos atributos (propriamente falando, apenas a substância e os modos existem), de outra, a permanência de uma relação arquitetônica entre os modos e a substância, a despeito de mil inconvenientes; o que se faz, sobretudo, com a ajuda da teoria da *expressão*, em oposição às relações de dependência causal da parte com o todo, e de fundamento da existência na essência. Daí a importância do fato de que, nas coisas criadas (e não em Deus), há a distinção da essência e da existência. Ver também (*ibid.*, I, III, s. f.) a distinção entre os quatro "*ser*", cuja existência é um. É o que leva Ritter a dizer que, em Espinosa, se a única distinção do modo e da substância fosse a da existência em si, como definição arbitrária da substância, poderíamos deixá-la de lado "sem alterar o sistema na série de suas consequências, por pouco que, alterando o uso da língua, se consentisse em nomear substância o que Espinosa nomeia simplesmente modo do ser, e que se imaginasse para a causa de si ou para Deus um outro nome". Porém, isso seria absurdo, se pretendêssemos atribuir a Espinosa, sobre precedentes alexandrinos, uma sorte de teoria da sobre-existência da substância. A consideração de Ritter prova que o sistema de Espinosa apresenta o problema, mas a título de dificuldade, de aporia não resolvida. Nas *Cogitationes metaphysicae*, nas quais as coisas existem em Deus "eminentemente", como para Descartes, há até certo ponto uma distinção entre a existência da substância divina e a das coisas criadas; mas ela não é mantida na Ética, em que a existência é certamente unívoca, apesar do axioma I, no qual o *esse in alio* deve se entender não pelo fato de existir de uma maneira distinta daquela da substância, mas pelo fato de ser na existência da substância. O sentido da palavra *in* nessa proposição é a chave de todo o espinosismo, esse esforço não para superar, mas para anular as especificidades existenciais com uma instrumentação inteiramente emprestada à ordem ôntica, e eficaz somente nessa ordem.

E antes de tudo, será que encontramos um gênero de existência para todas as realidades? Por exemplo, como existem as leis da natureza? Paralelamente à identidade na ordem do ôntico, está claro que a identidade na ordem do evento fornece a essas leis o único suporte existencial de base que pode ser necessário quanto a elas. Todavia, seria isso suficiente para reconhecer, se podemos assim nos expressar, sua dignidade e sua imensidade de presença? A partir de um mesmo ponto de vista, a díade indefinida do grande e do pequeno não diversifica não somente existências ínfimas, que escapam ao status normal da ôntica coisal na escala humana, mas também existências que ultrapassam em muito (em termos de grandeza) essa escala? E se há recomeços cíclicos que renovam certas similitudes de status e estrutura do microcosmo ao macrocosmo, talvez do ser humano a Deus, das coisas ao universo, dos átomos aos sistemas siderais, podemos, ao ver aí apenas analogia, anular o parâmetro de uma diferença tanto em sublimidade quanto em imensidade? As perguntas se precipitarão: a categoria de modalidade não oferece existências contingentes e existências necessárias, das quais aproximaremos, talvez, existências momentâneas e existências eternas? E, ainda que elas possam e devam entrar nos quadros já vistos, não resta entre elas uma diferença de valor que não podemos esquecer? Não discutimos também a questão de existir formalmente e de existir eminentemente? O que põe em jogo, tradicionalmente, um *menos* e um *mais*? Uma vez que a existência eminente contém "as mesmas coisas ou outras mais excelentes" (Descartes, *Meditações*, III, 7) que a formal e é *pelo menos* igual a ela?

De outra parte, sem retomar as questões de intensidade, não há certas maneiras de existir mais ardentes, mais fervorosas, mais efusivas ou salientes que outras? Hugo dizia de Deus que:

Ele é! Ele é! Ele é! Ele é perdidamente!

Existir perdidamente (e também liricamente, existir, se ousamos dizer, saltitantemente; como se dá um salto, como se dá um grande grito de alegria ou de amor) talvez não seja existir *mais*, quantitativamente falando; mas não seria existir de um *modo outro* que o do existir feito de monotonia, de chuva dominical, de apatia e mau humor cotidiano? Enfim, se, como vimos (§86), as existências puras, de direito, são iguais entre si, não se poderia dizer que uma existência plurimodal, reunindo em si e unificando, em uma rica realidade, várias dessas existências, *valerá mais* que apenas uma dentre elas?

§94 . Decerto, o dualismo um pouco grosseiro do primitivo, que reparte todas as coisas em dois grupos, o profano e o sagrado,[2] foi pouco a pouco destituído por toda uma série de profanações e de laicizações. A física de Anaxágoras profanou os corpos celestes. Epicuro laicizou o amor,[3] e assim por diante. Resta algo, entretanto, não somente de respeitável, mas de considerável nessas diferenças de nível de valor. Não há, na existência de um ser humano, estados de alguma forma profanos, cotidianos, vulgares, e estados nobres, extremos ou supremos que manteriam sempre, sob um aspecto moral, algo daquele dualismo? E devemos nos perguntar se essa diferença entre o sublime e o não nobre não afeta o próprio modo de existir do que assim se reparte. "Isso é de uma outra ordem", diz Pascal. A questão das existências específicas puras, de mesmo nível, se enquadraria, portanto, entre dois problemas de diferença de grau: aquele dos graus

---

[2] Que para o primitivo essa oposição é existencial, que a passagem do estado profano ao sagrado é uma mudança *totus substantiae*, cf. Durkheim, *Formes élém. de la vie relig.*, p. 54.

[3] Ousando dizer que ele não era enviado pelos deuses, οὐδέ θεόπεμπτον εἶναι τὸν ἔρωτα (Diog. L., X, 118).

intensivos, já estudados no segundo capítulo; e aquele, diferente mas simétrico, dos graus de valor.[4]

§95 . Pode haver, entretanto, e há certamente, uma parte de preconceito em algumas dessas ideias. Nada menos filosófico que a confusão entre graus de valor e a díade do grande e do pequeno. Não há razão para que um grande corpo celeste, galáxia ou sistema estelar, espécie de Caliban sideral, tenha mais valor que um ínfimo Ariel, uma pequena ideia recolhida nas folhas de um livro, um punhado de terra moldado em estatueta. Quem garante que um grão de areia não contém, em seu abismo, algum átomo habitado de modo mais precioso que um imenso planeta? Um só ato de caridade, obra de um instante em uma alma humilde, pode valer mais que as vastas ações cegas de um grande corpo social. Os ápices morais da existência não têm nada a ver com as dimensões espaciais do ser. De maneira semelhante, poderíamos contestar que a existência plurimodal seja necessariamente mais preciosa que uma existência pura. O ser que seria, ao mesmo tempo, eu como corpo, eu como alma, eu como fenômeno, eu como sequência de eventos, ou eu como ôntica atemporal, valeria mais que esse mesmo ser purificado, bem ajustado em um único plano, em um único modo, por mais fantasmagórico que seja – até mesmo o imaginário? Como diz o herói alucinado de Calderón, *si la vida es sueño*, "o bem e o mal feitos em sonho, não deixam

---

[4] Para Hamelin, cada modo dialético de existência, na ordem em que os percorre o *Essai*, "se apoia" sobre o modo seguinte e superior, de modo que há concordância entre a ordem dialética, os modos, as intensidades do ser e os valores (v. 2º ed., p. 487 sq.). Para Lachelier, como para Ravaisson, a diferença do inferior para o superior está a tal ponto inscrita no ser que ela basta para justificar teorias ontológicas. Daí sua aprovação à célebre definição de Augusto Comte do materialismo como "a doutrina que explica o superior pelo inferior".

de ser bem e mal". E não será mais fácil e eficaz realizar certas perfeições ou sublimidades nesse modo puro do que na espessura de uma existência heterogênea? Enfim, como já vimos, não se pode afirmar que a existência psíquica, por exemplo, seja superior, de qualquer maneira, à existência corporal (o que causou a muitos metafísicos, como Descartes e Espinosa, o embaraço de uma hierarquia das substâncias que não se adéqua ao resto de seus sistemas. Cada um pode receber o sublime (cf. §86 e 91). Se a ordem do valor é existencial (o que é discutível), ela interfere, como ao acaso, nos modos específicos da existência. É um caso específico. No máximo, seríamos levados a fazer da existência moral, da existência qualificada como bem ou como mal, um modo específico de existência.

Em verdade, acreditamos que podemos explicar de outra maneira o bem e o mal, o belo e o feio, o verdadeiro e o falso; ou seja, à pergunta sobre como eles existem, podemos responder que existem em outra coisa. Residem em certos condicionamentos de realidade, de que a ideia de perfeição pode nos dar um exemplo. Sem levantar esse grande problema, concedamos que se pode dizer que eles existem em si, o que equivaleria, tão somente, a reconhecer a *existência moralmente qualificada* como um novo modo puro de existência a ser somado aos que já reconhecemos.[5]

---

[5] Parece que essa existência qualificada, concernindo sobretudo à ação, e portanto ao evento (pois ela constitui a vida moral), desenharia uma espécie de recomeço, em um novo modo, do pleroma dos eventos. Ela recomeçaria também o reino ôntico? Parece que não, que ela somente o *afetaria*, já que as noções de responsabilidade e de mérito se apresentam como o instrumento de relação entre os dois. É a solução mais conforme com as vias gerais da ética do senso comum. Isso suscita problemas especialmente porque a tese que vincula o valor a condicionamentos de realidade, sobretudo ôntica, implica uma concepção moral bastante diferente. Este não é o lugar para se tratar desses problemas. Não é, entretanto, indiferente indicá-los de passagem.

Modo seguramente preferível aos outros, à neutralidade do evento ou da ação, quando qualificado como bem. Porém, não necessariamente preferível a qualquer outro modo. O que equivaleria a dizer que um crime, por ser qualificado moralmente, é *melhor* que uma ação indiferente. O que faria o *melhor* nesse caso, ontologicamente falando, seria a adição desse modo aos modos já reconhecidos, e não a substituição destes por ele. Podemos tentar essa substituição geral em virtude do tema ontológico "só o bem existe verdadeiramente"? Isso equivaleria a restabelecer (com o famigerado sofisma de que o erro e o mal não existem) o indiferentismo de que queríamos sair. A assimilação do mal absoluto ao não-ser e do mal relativo a uma existência diminuída faz parte dos pensamentos imperfeitos fundados nas confusões assinaladas no segundo capítulo. O que faz o mal do mal é que, seja em si mesmo, seja no que é mau (seja existência, seja realidade), ele existe, é real. Há mesmo quem o pratique para se sentir existir.

Em outros termos, segundo as posições correntes, o problema moral pode estar circunscrito aos limites dessa adição de um modo de existência qualificada. Resta que, de outro ponto de vista, mais metafísico, podemos conceber não uma *existência do valor*, dessa maneira limitada, mas *valores de existência* ou de realidade. Dessa perspectiva, haveria alguma concordância entre a busca dos ápices da existência, em termos de valor, e essa busca da unidade que traz à tona, a propósito de existências plurimodais, o problema de uma sobre-existência piramidante e mediatizante.

§96. Ora, tal concordância, e isso é importante, pode se manifestar e seguir em dois sentidos.

Por vezes, uma existência complexa, implexa, imperfeita em uma espessura equívoca procura, para se realizar em seu valor mais alto, se ajustar com precisão em um único plano, na espécie de existência pura que lhe permitirá a melhor determinação de si mesma. Ascese que, ao mesmo tempo, destitui e precisa com exatidão: farei de mim mesmo alma, e alma somente, porque só nesse cristal posso esculpir o esplendor que procuro. Me farei de carne porque, ao mortificar essa carne, serei o sofredor voluntário que se encaixa na minha ideia do mérito moral. Minha obra, a farei em sonho, porque seu esplendor moral e sua pureza não se acomodam aos compromissos do real. Eu a farei em pedra, porque sonho com uma edificação que recolha e abrigue verdadeiramente corpos miseráveis e porque um hospital de sonho não abriga, efetivamente, sofredores. E, talvez, a façamos com terra, água, árvores, gramados, com pinturas e estátuas, com salas de leitura e de jogo, porque odiamos a utopia e queremos um bem para os homens vivos, na complexidade de seu ser. Por vezes, uma existência simples, pura – uma alma que não pode escapar à solidão das almas, um sonho que esboça apenas uma perfeição ilusória e subjetiva – busca uma maneira completa e diversa de ser, de se encontrar ao mesmo tempo no plano do sonho e no da ação, no plano do psíquico e no do físico. No limite do ideal, entrevemos a ideia de uma maneira de ser tão completa, tão rica e tão patente, como que em mil facetas, no plano do sensível e no do inteligível, no presente e no intemporal, no permanecer e no agir, que ela reside ao mesmo tempo em todos esses domínios sem caber inteira em nenhum deles, superando-os e reunindo-os todos.

Ora, tal maneira de ser não será mais real que apenas uma das existências puras para as quais ela se abre? E o ser humano que será ao mesmo tempo físico, moral e religioso, intelectual, de ação e subsistente, não será o mais real, comparado ao que ele tem de fantasmagórico quando reduzido a apenas um desses modos? Modo que demandará e exigirá sempre cada um dos outros para completar a sua realidade?

§97. Sim, mas se é assim, nada nesse enriquecimento e plenitude diz respeito à existência, mas apenas à realidade. Talvez haja três valores: um valor intrínseco das coisas, ou, se quisermos, um novo modo puro de existência, a existência qualificada, a se somar aos outros modos por nós já reconhecidos. Em seguida, esses dois outros valores: valor de existência e valor de realidade, que talvez estejam em razão inversa.[6] Seguramente, em todo caso, eles são separáveis. Daí o duplo movimento, ora em direção à realidade, ora rumo à existência. Decerto, pode-se formar esse desejo: ao mesmo tempo reter o existir e essa realidade maior; curar-se da plurimodalidade sem se privar da existência. Pois, existir, desse ponto de vista – tomar partido por um modo de existência – não é se dilacerar, se separar brutalmente de algo mais precioso? E, inversamente, dirigir-se ao status de realidade superior não é se afastar da existência? Nisso se resume toda a questão.

§98. Mas qual o propósito da expressão: "curar-se da plurimodalidade"? A diversidade dos gêneros de existência é um mal? Não seria antes um benefício? Não somente ela é uma consequência, uma expressão inclusive da autonomia da existência (existir, dizíamos, é optar, escolher, tomar partido corajosa e deliberadamente por um modo de existência), como também a condição de algo a mais. Tudo se passa como se essas notas, essas vozes diversas, com as quais se fazem a "polifonia" (para retomar uma expressão cara, e com razão, ao senhor Charles Lalo) e a harmonia da existência, fossem os

---

[6] No segundo capítulo, elas nos apareceram (§29 e 31) quase como uma distinção de razão no seio da existência. Vemos se afirmar aqui o alcance ao mesmo tempo que a significação profunda de sua distinção.

instrumentos necessários e admiráveis de algo que ultrapassa seu plano e que está, realmente, acima da existência. É essa polifonia que coloca o problema da sobre-existência, se é que não coloca a própria sobre-existência. Tomemos cuidado, portanto, para, querendo nos curar dessa plurimodalidade, condição inerente à existência, não nos curarmos ao mesmo tempo da existência e da sobre-existência e, buscando o Uno, não nos dirigirmos ao nada.

*

§99 . A partir do que precede, nos resta uma conclusão. Essa passagem pela noção de valor serviu para evitar qualquer confusão possível entre um *plus* de realidade e um *plus* de grandeza ou de riqueza extensiva. O que basta para exorcizar os últimos fantasmas ainda ligados à ideia de totalidade. De maneira alguma uma totalização comporta um *plus* de realidade por reunir ou unir. A totalização que nos interessa é aquela que, para além da pluralidade dos gêneros de existência, faz aparecer algo que não somente os abarca, mas deles se distingue e os supera. Se for preciso definir a sobre-existência, não o faremos por intermédio de uma consideração axiológica nem como um grau mais elevado, mais sublime da existência, ainda que ela possa ter essa sublimidade. Ela será definida por intermédio da ideia estrita e severa de uma passagem a problemas do segundo grau que concernem à existência mas que sobressaem, pronunciadamente, para além de seu plano.

§100 . Desde o começo deste estudo, evocamos as ideias tão conhecidas de Mestre Eckhart a respeito do *Über-Sein*, a sobre-existência divina. Ora, essa é, como se sabe, não uma tese original do misticismo especulativo alemão, mas uma antiga tradição neoplatônica, que a teologia cristã deve sobretudo a

Dionísio Areopagita.⁷ Sua chave está em Plotino, para quem se "há vários gêneros de ser... há uma unidade exterior aos gêneros, pois o Uno está para além do Ser".⁸

§101 . É verdade que o Uno de Plotino não é o Uno de todo mundo. Porém, a universalidade do problema é evidente, para além de seus aspectos estritamente plotinianos ou teológicos de maneira geral.⁹ Refletindo bem, parece possível sustentar inicialmente que toda unidade define uma existência, para

---

7 "Todo pensamento se eleva apenas em direção ao ser e Deus está acima do ser" (*De div. nom.*, I, 4). Ver sobre a doutrina do *Über-Sein* no século XIV, por exemplo: O. Karrer, *Meister Eckhart*, 1926, p. 293 sq. Ver também *Revue néoscolastique*, 1927, 69-83.

8 *Enn.*, VI, 2, 1; trad. E. Bréhier, t. VI, primeira parte, p. 102. Contudo, ainda que a ideia de sobre-existência venha naturalmente sob a égide plotiniana, é preciso observar que, tal como figura no presente capítulo, ela difere notavelmente da ideia concebida por Plotino. Historicamente, a questão do sobre-existente se introduziu como questão de origem das existências, e não de coroamento das mesmas, o que tem por consequência distinguir antes entre existência finita e existência infinita do que entre existência e sobre-existência. Para Plotino, se o εἶναι não pertence ao Uno, a ὕπαρξις lhe pertence plenamente.

9 Léon Chestov é talvez, entre os contemporâneos, aquele que mais claramente retomou, na ordem da teodiceia, a afirmação de que "não se pode dizer de Deus que ele existe, pois ao dizermos: 'Deus existe', ele se perde imediatamente". E ele provavelmente impressionou Gabriel Marcel, se é preciso interpretar nesse sentido (cf. Bespaloff, "A metafísica de G. Marcel", *Rev. phq.*, 1938, II p. 34) sua confissão corajosa: "não conheço aquilo que creio". Contra a teoria sobre-existencial da divindade, sempre militou a interpretação corrente do nome divino revelado a Moisés (Êxodo, 3, 13-14) como significando: "eu sou aquele que é". Em realidade, a interpretação verdadeira é: "eu sou quem eu sou"; maneira do falar hebraico equivalendo a uma recusa cabal a qualquer denominação do divino. Cf. A. Lods, *Israël, des origines au milieu du VIII siècle*, p. 374. A "denominação convencional", Yahvé "deve recordar incessantemente a frase de que é a abreviação: 'Ele é quem ele é'; o Ser que o humano não tem como definir". A que, acrescenta nosso autor, "não falta grandeza". Seguramente. O que, acrescentamos, é interessante aproximar das vias bem conhecidas da "teologia negativa" de origem alexandrina.

daí inferir que toda unidade de duas existências define uma existência de ordem superior. Mas entendemos essa ordem superior como sendo a de uma superioridade hierárquica e arquitetônica da nova existência em relação às duas outras, e não necessariamente de um status de realidade distinto da existência. Assim, se a unidade em extensão se obtém ao preço de uma diminuição da compreensão, a existência na qual se atualiza essa unidade será genérica; e ao término de todas as unificações possíveis por essa via: "o gênero supremo", como diz com acerto um lógico[10] que formulou muito bem esse problema clássico, "será a ideia abstrata de ser, o mais extenso, mas o mais pobre de todos os conceitos; tão vazio que, segundo certos metafísicos, é indiscernível de seu contrário...".

Em outros termos, em seu ápice hierárquico, a unidade do ser obtida por essa via definirá, para o ser em questão, uma existência abstrata, genérica, lógica, muito pura e muito pobre. Há um mal-entendido aí, e simplesmente nos transportamos para o plano nocional.

Se queremos evitar esse empobrecimento, se o ser no qual pensamos não é esse ser de existência puramente abstrata – a existência nocional da totalidade do ser –, mas um ser concebido como dotado de uma plenitude suprema, como rico de toda existência, o conceberemos sobretudo, para nos mantermos na perspectiva lógica, como tendo "ao mesmo tempo que a extensão mais vasta, a compreensão mais rica" (*ibid.*).

De acordo. Mas colocar a questão dessa maneira significa não mais constatar, nas operações efetivas do pensamento, uma realização positiva de unificação em um gênero preciso de existência. É postular um ideal e designar, de maneira problemática, a existência suprema em que se efetuaria essa

---

10 Goblot, *Traité de Logique*, p. 114.

unificação. Trata-se ainda de existência? Não se trata, antes, de uma existência sem gênero determinado? Digo, determinada, talvez, pelas condições de realidade que lhe são impostas de maneira problemática, mas não colocada como existência enquanto o problema não é resolvido positivamente. Pode ser que a equação tenha solução; pode ser também que seja uma "questão imperfeita", no sentido cartesiano da expressão (ver as *Regulae*), e mesmo uma questão sem solução possível. Seja como for, a existência assim definida só poderia ser considerada como estabelecida em e por uma solução eficaz ao problema. Isso se tal solução existe (em nosso pensamento ou no porvir, ou virtualmente, ou na origem universal, ou em ato atual, desconhecido e transcendente, ou conhecido e do qual participamos... não importa). Em suma, colocada problematicamente, ela é uma realidade definida independentemente de qualquer existência. O fato de que ela existe é outra questão e exige um ato distinto, um momento especial que acrescente algo de absolutamente *sui generis* (precisamente a existência) a essa constituição de condições de realidade.

§102. Outros lógicos, como McTaggart, tomam o problema em sentido contrário. Tendo concebido primeiramente a realidade, que ele identifica ao ser (*being*) e, em seguida, a existência, ele admite, de maneira razoável, que tudo o que existe deve ser real. Contudo, ele se pergunta se toda realidade é existente. E, forçado a convir que pode haver realidade não existente (seus exemplos, por sinal, evoluem, sobretudo, em relação ao tema do possível), afasta a gravidade do problema ao observar que uma realidade não existente não pode ter interesse prático para nós, mas apenas um interesse puramente especulativo.[11]

---

[11] "We can, then, have interest in the real, even though it should not be existent."

Mas será isso verdade? Sem insistir sobre "o interesse do interesse" especulativo, sem permanecer no ciclo da metafísica, ou da teodiceia, não diríamos, por exemplo, que a ideia, ou o problema do Ser Humano mais Real, tal como vimos precedentemente, é um daqueles problemas que tocam mais diretamente nossos interesses mais fundamentais e intensos? Ele não se encontra, talvez, escondido ou latente no fundo de todas as nossas ambições ou de todos os nossos desejos, embora, por vezes, de uma maneira absolutamente secreta para nós mesmos?

Ora, se houvesse tal ser, decerto poderíamos dizer que ele seria mais existente que as suas imagens fragmentarias, as quais se mostram aqui e acolá nos diversos planos de existência em que o vemos desenhar algo de sua realidade. Mas sabemos que essa é uma maneira perigosa de falar, que conduz facilmente ao sofisma. O que se concebe ao se conceber esse "existir mais" é, antes de qualquer coisa, um "mais" quantitativo, por ser, com efeito, a reunião de numerosos gêneros de existência, tão diversos quanto possível. É também um "mais" de superioridade, de maestria. Sonhamos, assim, com uma espécie de obra-prima da arte de existir. E se o Ser Humano não é nem o ser humano carnal, nem o psíquico, nem o espiritual, nem o moral, mas o ser humano como Mestre de todos os gêneros de existência, podemos dizer, então, que ele não existe se existe apenas em um desses modos. Ele existiria apenas por meio dessa existência plena, que seria também sobre-existência. Mas podemos dizer também que ele não existe, nem

---

But it is only that interest which we have in knowledge for its own sake. All our other interests – in happiness; for example, in virtue, or in Love – deal exclusively with the existent..." (*The Nature of Existence*, vol. I, p. 8). "Podemos, então, ter interesse no real, mesmo que ele não seja existente. Mas é apenas aquele interesse que temos no conhecimento por si só. Todos os nossos outros interesses – na felicidade por exemplo, na virtude ou no Amor – lidam exclusivamente com o existente..."

mesmo uma existência virtual, se esses diversos modos de se esboçar não desenham, em sua harmonia, um acabamento que seja como o contorno misterioso de um ser único; e que ele não existe nem mesmo uma existência ideal, se esse contorno misterioso permanece indeterminado e vago quanto ao essencial, ou seja, quanto a um modo definido de completude existencial.[12]

Portanto, a sobre-existência do ser humano não é somente uma situação hierárquica culminante, ela é também uma situação fora da existência, que só poderia entrar nela fazendo-se modo determinado de existência. Perdendo, dessa maneira, seu caráter sobre-existencial, esse modo voltaria, por sua vez, ao ciclo das existências do primeiro grau e às relações arquitetônicas e mesmo hierárquicas que podem reunir os modos sem ascender ao segundo grau – a esse segundo grau que caracteriza um problema situado, por definição, fora do plano da existência propriamente dita.

§103. Um terceiro exemplo, não menos clássico, situará ainda melhor essas questões: refiro-me às famosas antinomias kantianas

Sob certos aspectos, não há nada tão miserável quanto essas pretensas antinomias, caso se queira ver aí um obstáculo intransponível para a razão, que se contradiz necessariamente

---

[12] É o que há de mais decepcionante no célebre livro do Doutor A. Carrel: *L'Homme, cet inconnu*. A unidade do ser humano é postulada o tempo todo nessa obra sem jamais ser legitimada. Cf. p. ex. p. 35: "Se definimos o ser humano como composto de matéria corporal e de consciência, enunciamos uma proposição vazia de sentido, pois as relações entre a matéria corporal e a consciência não foram, até o presente, levadas ao campo da experiência. Mas podemos dar do ser humano uma definição operacional considerando-o como um todo indivisível que manifesta atividades físico-químicas, fisiológicas e psicológicas". V. também p. 393, de maneira bem otimista: "Hoje a ciência nos permite desenvolver todas as potencialidades que estão em nós". Trata-se de "restaurar o ser humano... seguindo as regras de sua natureza". Mas essa natureza é una?

quando quer determinar existencialmente os grandes objetos metafísicos em suas condições de realidade. Onde se vê que há contradição entre teses e antíteses? Contradizer-se é afirmar A e não-A de uma mesma coisa? Lemos, por exemplo, no "primeiro conflito" que: *a*) o mundo tem um começo no tempo e é limitado no espaço; *b*) o mundo não tem começo nem limites no espaço, mas é infinito no tempo como no espaço. É suficiente, entretanto, ter empregado a palavra "mundo" em ambas as proposições para se ter falado da mesma coisa, para tê-la colocado em questão? De um lado, consideramos um pleroma de eventos ligados pela sinapse causal, temporal ou espacial ("uma série infinita de estados sucessivos das coisas do mundo", diz Kant). De outro, consideramos um pleroma ôntico ("o mundo será um todo infinito dado de coisas existentes"). Esse pleroma sináptico e esse pleroma ôntico – esses dois universos coligindo, cada um, um grupo particular de existentes, representando dois modos específicos de existência (pois, como Kant mostrou com razão, há na antinomia um posicionamento do objeto como existente) – esses dois universos, pois essencialmente são dois, irão diferir profundamente em seus condicionamentos de realidade. O que pode ser mais satisfatório para a razão? A dificuldade começa apenas se quisermos que esses dois universos coincidam; se quisermos, não obstante sua profunda diferença – um universo finito e outro infinito (mais provavelmente um infinito e o outro indefinido); um estático e o outro dinâmico (mais exatamente um ôntico e o outro sináptico); um descontínuo, etc. – se quisermos, como estava dizendo, propor um universo superior, isto é, supor um gênero de ente que seja ao mesmo tempo um e outro, que os reúna em uma realidade única. Dificuldade, decerto, de concepção para nós (o pensamento não é afeito a ela), mas dificuldade também de existência. Qual será essa maneira de ser que efetuará não somente a junção, a "complicação" dos dois modos de existência em questão, mas também a possessão indivisa daquilo que tem de original o "ato comum" que lhes pertence (para falar como Aristóteles)?

Kant tem razão de remeter à ordem do "ideal transcendental" o problema dessa "totalidade" (não "absoluta", mas estritamente relativa ao problema dado), cuja busca, por ser ela uma necessidade inevitável do pensamento, é de fato um "princípio regulador". Mas a "decisão crítica" do problema é perfeitamente inoperante. Por que taxar de ilegítimo o ato de hipostasiar esse princípio? É verdade que ao hipostasiá-lo, não fazemos mais que postular, de maneira problemática, a ideia de uma solução. E tendo nomeado esta incógnita como x, estaríamos enganados em falar dela como existente e, sobretudo, em acreditar reduzir, ao primeiro grau, uma equação do segundo grau escrevendo: $x^2 = X$. A verdadeira questão é saber se tal incógnita, tal unidade plurimodal, é capaz de existência e, caso o seja, qual a maneira de existir que se oferece para realizá-la, seja de maneira objetiva, seja em pensamento. O direito, a ser conquistado, de propor um sobreuniverso, de dar por existente um mundo que reúne, em uma realidade única, esses dois pleromas e esses dois modos de existência, é um excelente exemplo do referido segundo grau e de seus problemas.

§104. Não se deve acreditar que seja simples a hipótese de uma harmonia preestabelecida, completa e pronta, entre todas as intenções ou postulados de realização convergentes; harmonia pela qual, cada modalidade de existência trazendo consigo a necessidade de outra, de um existir numa modalidade diferente, todas as modalidades juntas desenhariam, para além de si próprias, uma existência única e plena que lhes conferiria sua realidade integral. Sobretudo, sintamos o quanto essa hipótese – se quisermos pensá-la em relação ao ser, à ideia de um ser que ocupa e sustenta a realidade integral –, faz com que divirjam ser e existência, o ser em questão devendo ser buscado cada vez mais fora do plano de existência, com relação à pluralidade do qual ele se define. Se tais considerações são exatas, vemos claramente não somente quanto, mas por que a ideia de totalidade é insuficiente para definir e consolidar a ideia de sobre-existência em seu valor de realidade.

Já vimos, a propósito do virtual (§62), a importância que é preciso atribuir à possibilidade ou à impossibilidade de realização. Dizer, por exemplo (como certos personalismos fáceis que reivindicam ilegitimamente Renouvier) que, para existir plenamente, um ser humano deve realizar todas suas possibilidades, desenvolver e atualizar todas suas virtualidades é o mesmo que nada dizer. Se tomamos virtualidade em um sentido muito preciso, falar de um *totum potestativum* como existindo virtualmente é postular que ele tem uma solução já pronta, completamente satisfatória do problema, que deve simplesmente ser transportada do modo virtual a tal outro modo a ser determinado (o que ainda gera um problema, mas apenas de transposição de modo a modo). Porém, permanece a pergunta se há ou não tal solução, isto é, uma existência virtual dessa unidade. Para colocar de maneira grosseira os pontos sobre os *i*, em um exemplo humano, tomemos um amável e belo rapaz de 17 anos, sonhador e brincalhão, orgulhoso e tímido, inteligente e sentimental, um tanto sensual e um pouco místico; um jovem, ao mesmo tempo, com as qualidades de um Don Juan e de um santo, de um general (já comandou exércitos em seus sonhos) e de um pintor (certamente tem o dom para tanto), de um escritor também e de um homem de ação (caso se livre de sua languidez e de suas hesitações). Dizer-lhe: "é simples, seja ao mesmo tempo esse santo e esse

Don Juan, esse pintor, esse escritor e esse general" seria falar sabiamente? Não está dito que um destino não possa ser oferecido pelo acaso e uma alma ser construída e mantida pelo esforço, pela perseverança e pelo gênio que, efetivamente, realizam tudo isso em uma unidade. Tais coisas não são comuns. Em todo caso, não se contestará que supor essa unidade realizada, ou mesmo realizável, é supor a invenção de uma coisa bem curiosa, genial, importante e completamente nova; algo que de modo algum está dado, mas que resta a ser encontrado. Que proposição concreta deve ser feita para se conciliar e sintetizar todos esses elementos? Aí está o *hic*. Ainda mais ao se tratar de fazer esse ser humano que una substancialmente vida moral e mística, vida artística e vida corporal em uma unidade evidente e positiva – não simplesmente pegar um pouquinho daqui e dali em todos os modos, mas realização da sua unidade como um ente, e não apenas plurimodal, mas ao mesmo tempo real na síntese desses diversos gêneros de existência, em uma existência concomitantemente superior e suprema e una. Eu diria que, ao considerar tal exemplo surpreendente e quase sobre-humano, vejo bem alternarem-se aqui a ação e o sonho, a vida mística e a ação viril. Mas caberia ainda perguntar: como e em que medida esse santo *é* esse homem de ação? Esse escritor *é* esse amante; essa alma *é* esse corpo? Eis o que seria necessário dizer.

Podemos, portanto, para retomar o grande problema que essa comparação buscava explicar, propor, se quisermos a título de ideal transcendental, a ideia de uma totalidade universal. Podemos, até mesmo, acrescentar, dando fé a uma dedução um pouco abstrata e nocional, que ela representaria o máximo possível de riqueza em realidade. Mas que se conheça bem o risco assim aceito: nos atiramos dessa maneira, em pensamento, para muito além das regiões espiritualmente manipuláveis da sobre-existência. Suprimimos de um só golpe todas as considerações arquitetônicas que podem dar um ponto de apoio concreto e positivo a essa exploração de um além metafísico da existência. Por hipótese, unimos, misturamos, apagamos essas diferenças em uma dissolução involutiva última: Deus e o mundo; transcendência moral e transcendência unificadora; união substancial da alma e do corpo; união gnosiológica entre sujeito e objeto. Subvertemos e anulamos, por termos nos suposto de saída no topo, toda hierarquia das entidades localizadas nos degraus dessa Árvore de Jessé ou dessa Escada de Jacó: a ordem das sobre-existências, o único apoio nesses problemas para pesquisas metafísicas sólidas. Avancemos mais lentamente. Caso contrário, não somente não iríamos mais longe, mas perderíamos o único fruto verdadeiro que podemos obter, filosoficamente, desses estudos e, talvez, também o contato com aquilo que lhe dá um alcance prático: a experiência igualmente hierárquica e ordenada da instauração.

§105 . Enfim, nos contentaremos em esboçar rapidamente uma última questão: a da unificação das unificações.

Haveria fraqueza, com efeito, em se deter, em se contentar com uma só concepção (por mais satisfatória que possa ser) da unidade e da totalidade no gênero próprio de existência ou no nível de sobre-existência que ela postula. Como se o princípio de unificação fosse o único possível.[13]

---

13 É a dificuldade que encontram todos os esforços para explicar a realidade que seguem uma dialética única e uniforme. O que não se encontra assim pode ser dito inexistente? Hamelin sentiu bem a dificuldade. Daí seu esforço desesperado (e vão) para provar: 1) que sua dialética não é intelectual (o intelecto sobrevindo, em sua oposição ao prático e ao afetivo, apenas no seio dos fenômenos psicológicos, no fim do processo da representação); 2) que as dialéticas da beleza ou da bondade

Quanto a isso, é fecundo pensar como os diversos esforços em direção à unidade evocam seres diferentes de acordo com a natureza da sobre-existência postulada: ser basal, fundamento e origem comum de todas as coisas, ou ser terminal, culminância comum de todas as coisas; unidade de um todo reunindo seres já perfeitamente determinados em tal ou tal modo e compreendendo todas as suas verdades de ser, realizadas; ou soma de todas as suas realizações unicamente no plano da sobre--existência; ou princípio comum, um pouco abstrato, de suas existências; e assim por diante. O que é, portanto, apresentar idealmente, sob o nome de ser, a unidade de tudo isso? Para colocar melhor o problema: é postular não a unificação direta de tudo, mas a unificação de todos os modos possíveis de unificação; é propor uma sobre-existência de um gênero ainda mais distante da existência e um problema do terceiro grau, o último, provavelmente, que nosso pensamento poderia abordar.

*

§106. Teríamos sido mal compreendidos se pudesse ser visto no que precede qualquer recusa absoluta à especulação, antiga ou recente, no que toca ao ser ou à existência em sua unidade e totalidade. É exatamente o oposto.

---

não são o princípio de um recomeço *ab ovo* de toda sua tarefa sobre outras bases (cf. *Essai*, 2º ed., p. 445 sq. e 496 sq.). Daí a obrigação de uma estética puramente nocional (p. 447) e da afirmação de que "não podia ser necessário que o Espírito absoluto se fizesse bondade absoluta" (p. 496). Para ele, trata-se de provar (tarefa impossível, quase absurda) que o que tivesse existência apenas em nome de uma dialética autônoma da arte ou da moral não existiria; que, após ter seguido a obra de um espírito que é divino, em nome de sua Sabedoria, não se deve recomeçar a tarefa em nome da Potência e, em seguida, em nome do Amor. Esquecendo o que está escrito, segundo Dante, nas portas do Inferno: *Fecemi la divina Potestate – La somma Sapienza, el primo Amore...*

Se, com efeito, essas especulações têm, sob certos aspectos, uma dimensão crítica evidente (comunicam-se com o problema de uma filosofia geral das filosofias),[14] não é menos verdade que têm outro lado pelo qual, assim esperamos, elas se comunicam com a mais concreta realidade.

Pois se uma realidade qualquer ocupa os pontos assim definidos, problemática ou idealmente, nas diversas e precisas pedras angulares, nos ápices realmente culminantes, nos altos lugares efetivos da sobre-existência, essa realidade deve ser uma proposição concreta da sobre-existência, que responda, por meio de um dizer positivo de si, às condições supostas.

Sob certos aspectos, o Ser de L. Lavelle, o Deus de L. Chestov, o homem de Heidegger; ou se preferirmos, a substância de Espinosa, o Deus de Malebranche, a União substancial de Descartes; ou ainda a Ideia-Ser de Strada, o Ato puro de Gentile, o Máximo humano de G. Bruno, etc. representam, refletidos no plano do discurso, lugares definidos onde residem, efetivamente, realidades precisas no domínio sobre-existencial. A tal ponto que podemos efetivamente investigar (por meio de uma crítica que talvez estivesse armada de maneira útil por essas reflexões) se essas representações são adequadas, se correspondem a seus objetos; em suma, se são verdadeiras; a ideia de verdade podendo intervir aqui porque tais objetos são reais. A crítica em questão deveria, com efeito, primeiramente investigar, em uma instância puramente metafísica, quais dados existenciais definem na sobre-existência, em sua intersecção com o segundo grau, realidades precisas, oferecidas ao pensamento como objetos positivos de especulação. E só depois disso poderíamos tentar investigar até que ponto essas especulações são criveis e nos fornecem (sob qualquer nome que

---

14 Cf. *Instauration philosophique*, cap. V, p. 366 sq.

seja) imagens aproximadas, simbolicamente correspondentes a algo dessas entidades em seu condicionamento de realidade. O pequeno livro que você tem em suas mãos ambiciona apenas ser uma Introdução a uma metafísica assim compreendida. Por isso, ao abandonar esse ponto de vista ligado à crítica e ao trocar as filosofias pela realidade, nos resta simplesmente tentar dizer, em breves conclusões, como a sobre-existência (no que tem de positivo, bem como de negativo) se comunica com a existência, e quais relações ambas entretêm.

*

§107 . Antes de mais nada, qual é a natureza do sobre-existente? O que sabemos dele? Que mundo é esse mundo? Em seguida, o que atesta o sobre-existente no plano da existência? Qual é, aqui, o fato? Enfim, qual a relação? Que construção é essa que faz com que o existente e o sobre-existente sejam testemunhos um do outro? Eles se sustentam mutuamente? Ou um se encontra na base do outro? E que necessidade têm um do outro?

Uma vez esses pontos resolvidos, ou entrevistos, o que há aí que nos diga respeito? E de que maneira isso nos concerne?

*

§108 . Uma coisa é certa: há muitas coisas, seres e fatos na sobre-existência, muitos Éons nesse Pleroma e não apenas o Uno. Esse mundo é hierárquico e arquitetônico. É inclusive o que temos de mais certo a seu respeito. Vimos anteriormente: Árvore de Jessé ou Escada de Jacó. Há uma ordem e como que uma genealogia da sobre-existência. Os modos de existência, por suas diversas aproximações, inclinam seus ramos para desenhar, nas diversas pedras angulares dessas abóbodas, lugares para seus ocupantes. É o Deus de Malebranche ou o super-homem de Nietzsche quem se encontra na intersecção entre o corpo e a alma? Isso é questionável. Colocar Deus nesse nível não seria colocá-lo muito baixo na hierarquia dos Éons sobre-existenciais? Porém, não seria divinizar o ser humano real entrevê-lo imaginando-o tal como ele deve ser para realizar essa unidade, não somente das existências corporal e psíquica, mas desses dois conjuntos com a existência espiritual e, ainda, com as existências da ordem ôntica e da ordem do evento? Se Deus existe, pergunta esplendidamente Nietzsche, por que não sou Deus? É preciso que eu me torne Deus, já dizia Novalis. Mas, de uma maneira ou de outra, demasiado divino para ser chamado humano, demasiado humano para ser chamado Deus (é, ao dar nomes, que os metafísicos caem em erro), isso de que se fala aqui ou lá é a mesma entidade, o mesmo ser entrevisto vagamente de uma maneira ou de outra, mas precisamente designado, com seu teor exato de realidade, pelo ponto metafísico que suas coordenadas existenciais definem. Portanto, não nos deixemos dizer que é o mesmo ser, no sentido de que é o ser mesmo, pois falar assim seria se apressar em designar sob um nome global toda a região da sobre-existência, abstração feita dessa ordem e dessa arquitetônica que permitem discernir, distinguir com precisão essas entidades diversas e, por exemplo, Deus e o universo – exatamente tal Deus e tal universo, que coordenam tal ou tal plano de existência, com tal ou tal nível sobre-existencial. Tampouco admitamos facilmente demais que indo logo de saída suficientemente alto, encontraremos finalmente a unidade completa, a coordenação total. Pois, bem o sabemos (§105), não poderia se tratar senão de uma coordenação das próprias coordenações, com todas as suas diversidades possíveis, e desse terceiro grau, talvez abstrato, talvez puramente teórico, e que, em todo caso, não poderia se comunicar com o existencial a não ser pela mediação necessária das sobre-existências, segundo a ordem do Pleroma a que pertencem.

E que também não se diga que se trata de ideal nem, sobretudo, de existências ideais, visto que não há existência ideal. O ideal não é um gênero de existência; ou melhor, no sentido usual e mais preciso do termo, ele é simplesmente imaginário. O ideal é o imaginário perfeito. Evocaríamos de maneira mais útil, mais profunda, o "ideal transcendental" no sentido de Kant, ou seja, um princípio diretor. Porém, o evocaríamos de maneira ainda equivocada, pois tal princípio enuncia somente um problema posto (e num sentido crítico para o pensamento). Ora, aquilo de que se trata é do problema resolvido, na realidade de sua solução. O que está em questão não é o ideal, mas a realidade desse ideal.

É verdade que, do nosso ponto de vista, o ideal pode parecer algo a ser instaurado (é o caso, sobretudo, desse humano mais real); e é na experiência da instauração que nos aproximamos mais sensivelmente do ideal. Mas isso (que é do nosso ponto de vista) não altera a sua natureza, inteiramente real, que é apenas afetada se nos aproximamos mais ou menos dele. No máximo, podemos dizer que, em uma aproximação completa, em um contato, ele cessaria de ser sobre-existência para ser existência. Mas isso é possível? Se existir é estar no plano da existência, é ter tomado partido por um modo de existência, então, por ora, podemos dizer, sobretudo, que esse ser humano não existe (na medida em que ainda não está instaurado). No máximo, ele pode se refletir em algum desses modos, *per speculum in aenigmate*; e mesmo assim ele não tem outra existência além dessa existência modal e especular. Ora, ele é rico demais em realidade para poder se manter nesse plano e mesmo nos diversos planos de existência que ele reúne.[15]

§109. E como ele os reúne? Isso nos leva de volta ao plano e ao ponto de vista do existencial.

Sabemos agora a diferença que há entre um simples agregado plurimodal, uma *coacervatio*, e essa síntese (para empregar uma palavra um tanto perigosa) que pronuncia e implica uma sobre-existência. Um exemplo dessa última será ainda útil e pertinente; e, além do mais, de primeira grandeza do ponto de vista filosófico, porquanto se trata de nada menos que do problema do conhecimento.

Nos encontramos emaranhados em um falso problema quando recusamos definitivamente certa ideia (não a única, mas muito importante e indispensável) da verdade como similitude entre o pensamento e seu objeto; recusa fundada na exterioridade do objeto que, portanto, o pensamento é incapaz de comparar consigo próprio. Em um determinado aspecto, o pensamento, ou o dizer, e o objeto são, todos os dois, exteriores ou, ao menos, dados ao pensamento em um mesmo plano. E esse aspecto é provavelmente aquele no qual a noção de verdade se formou ou foi posta à prova inicialmente. Você mente, pois vejo que está vivo aquele que você diz estar morto. Ou ainda, você fala de uma aroeira e você, de uma azinheira,

---

15 Que tampouco se diga: "trata-se de uma essência". Seguramente trata-se de uma essência, mas isso é o mesmo que nada dizer. Há também essências de existentes, que residem nesses existentes (é a sua *quididade* existencial). E aqui se trata da essência de sobre-existentes residindo nesses sobre-existentes (é a sua *quididade* de realidade). A palavra "essência", portanto, não acrescenta nada, não diz nada e não faria mais que nos extraviar em direção a outros pontos de vista não pertinentes ao nosso problema. Ainda uma vez, trata-se pura e simplesmente de realidade, de níveis de realidade superando necessariamente a existência.

Tu sub schino, tu sub prino (Daniel XIII). A aroeira e a azinheira dos velhos mentirosos, inconciliáveis, evocam ambas acima delas esta realidade: a árvore verdadeira. Aquela que teria abrigado o pretenso pecado de Suzana.

Porém, de qualquer maneira que se aborde o problema, a ideia de conhecimento verdadeiro evoca sempre algo de semelhante. Mesmo em se tratando de meu próprio pensamento subjetivo e de seu objeto transcendente, sempre se evoca da mesma maneira, essa realidade sobre-existencial que uniria e coordenaria concomitantemente o que existe no modo em que meu pensamento se faz e o que existe no modo (diferente por hipótese) do objeto. Ora, como meu pensamento que evoca (querendo-se verdadeiro) essa sobre-existência pode colocá-la em ato a não ser se informando, se modelando a partir dessa realidade? Na existência, há somente uma correspondência, não uma semelhança. Há uma *resposta* recíproca entre o pensamento e seu objeto formando um par. O fato dessa resposta, não importa se justa ou falsa, é o único fato existencial aqui. Há eco. A tal pensamento se confronta tal objeto. Azinheira e aroeira se interpelam, respondem uma à outra e se confrontam. Tais correspondências (no sentido de Goethe ou de Baudelaire) estão inscritas na existência, como uma relação positiva. Mas *como* elas se correspondem? Aí se encontra a inserção possível da sobre-existência. Com a intervenção da ideia de verdade, a sobre-existência é feita não somente da ideia de um ser conjunto, mas de uma realidade comum que domina, ao mesmo tempo, um e outro modo que se correspondem. Como qualidade real, implica também, no sujeito, o fato de conhecer e, no objeto, o fato de ser conhecido. "Ser conhecido tal como se é!", desejo (grito ou suspiro) de um personagem de Gabriel Marcel. "Tal como se é" é bem inútil, perigoso mesmo. O que almejo, se elaboro esse desejo de maneira razoável, não é que haja, grosseiramente, em algum lugar algum ser (conhecido ou não) que forme uma ideia justa de mim sem que eu o saiba ou sinta. É sentir, como uma paixão real, como um padecer que me modifica sem me alterar, o fato de estar sob um olhar, de ser iluminado por essa visão de mim; e verdadeiramente colocado em um novo gênero de existência, pois esse ser não seria tal qual eu sou. Com efeito, é evocado aqui aquele que participaria, ao mesmo tempo, desses dois modos e superaria a diversidade constitutiva dos mesmos. Ele não existe, mas posso, eu, corresponder a ele, por meio de um padecer do gênero daquele que é assim definido. Padecer do sobre-existencial, experimentando uma modificação que lhe corresponde e da qual ele seja a razão (no sentido em que razão é relação), está aí provavelmente a única maneira pela qual podemos testemunhar o sobre-existencial e estar em relação de ação-paixão com ele.

Da mesma maneira que há correspondências entre um modo e outro, que permanecem no plano da existência como uma relação direta, aglutinante, sem mais, há também correspondências entre a existência e a sobre-existência.

Não há outra maneira de exprimi-las e senti-las a não ser constatando que, em certos casos, o modo de correspondência de um existente com outro passa pelo segundo grau, põe em jogo ou implica, a título de razão ou de lei de correspondência, esse sobre-existencial. Aquele é função desse.

Todo mundo sabe que podemos desfazer um nó sem tocar em suas duas extremidades, mas passando pela quarta dimensão. Da mesma maneira, a realização prática, concreta, efetiva de problemas como os do conhecimento ou da verdade atesta uma passagem pela dimensão da sobre-existência. É o fato de agir ou padecer conforme a realidade, mesmo problemática, desse sobre-existencial que é, não sua projeção espelhada e cifrada sobre o existencial, mas a sua experiência. Vimos também esse gênero de experiência na ação instauradora por efeito da anáfora. O mesmo se passa também quando uma força nos invade, que não podemos explicar sem implicar tal realidade sobre-existencial como chave de nossa resposta à ocasião, à situação. O que fez com que Michelangelo ou Beethoven fossem grandes, o que os fez geniais não foram seus próprios gênios, mas a atenção à genialidade, não neles mesmos e sim na obra. Pois as obras também estão na sobre-existência, não somente no lapso da instauração pela experiência da anáfora que, vimos antes, coloca em jogo, com o crescimento da intensidade de realidade, a pluralidade dos planos existenciais, mas também pela situação que lhes é própria nessa encruzilhada existencial: seus condicionamentos espirituais de realidade formal intrínseca; e a seguir todo o virtual da demanda do século, das necessidades noéticas do momento, da expectativa humana que, nesse modo do virtual, desenham sua contraprova, seu contrarrelevo. A obra mais real não é somente aquela cujas qualidades próprias desenham em beleza ou em sublimidade, mas também aquela que é satisfação de um apelo, de um desejo indefinido e em si amorfo. Formas que buscam a sua matéria e matérias que buscam suas formas.

Ora, o que é verdade para as grandes obras de arte o é também, sob esse aspecto, para as grandes obras morais ou mesmo simplesmente humanas, vitais e práticas a serem instauradas.

§110 . É com essa nota que desejaríamos terminar. Pois se a filosofia não nos armasse para a vida, valeria a pena perder uma hora com ela?

Justiça imanente: existir à maneira de um corpo é ser um corpo. À maneira de uma alma, ser uma alma. Serás uma alma se as tuas harmonias interiores, pelo número de suas arquiteturas e pelo aparato de suas sonoridades, desenham riquezas virtuais e fazem com que sejas maior do que és, e também mais indestrutível e mais pleno. Mas só serás também um ser espiritual se conseguires viver testemunhando por esse sobre-existente que seria o ser único: mestre, ao mesmo tempo, dessas três vozes em concerto, desses três modos da existência. Ora, esse ser não existe, mas testemunhas por sua realidade maior e mais rica que a de cada uma dessas vozes polifônicas se a tua vida se modifica e se modula em função dessa sobre-existência: a união substancial desses três modos.

Ora, toma cuidado com a realidade pela qual testemunhas dessa maneira, rica ou pobre, indo em direção ao mais real ou ao nada. Pois se testemunhas por essa realidade, ela te julga.

Viver em função de um Deus, foi dito, é ser a testemunha desse Deus. Mas toma cuidado também com o Deus pelo qual testemunhas, pois ele te julga. Acreditas responder por Deus, mas que Deus, ao responder por ti, te situa no alcance de tua ação?

Tua caridade ainda (e jamais se dirá o bastante o quanto ela é importante) pode fazer uma humanidade, que não existe, dar um passo. Mas cuidado com o seguinte: essa humanidade que assim será mais *una* afetivamente, será ela a mais real? Toma cuidado com isso: poderia ser que, por vezes, a tua severidade (afasta de ti, afasta da humanidade essa depravação do coração, essa baixeza ou essa brutalidade material dos desejos!) propusesse, sobre-existencialmente, testemunhando por ela, uma humanidade, por exemplo, mais real e mais elevada, mais espiritual e mais moral ao mesmo tempo que psíquica e corporal.

Cálculo difícil? Sem dúvida. Por isso mesmo importante. Cálculo, além disso, que pode ser substituído, até certo ponto, pela experiência.

Resolver apenas por meio do pensamento tais problemas é se esforçar para dar alguma existência ao que sobre-existe, lhe oferecendo como espelho algum modo existencial em que, bem ou mal, ele possa se refletir. Modo esse que será o pensamento. Porém, não está dito que esse modo tenha alguma superioridade, salvo talvez uma superioridade pragmática. Com todo direito, o próprio modo da ôntica física e do mundo material e terrestre poderia dar semelhantes testemunhos e abrigar tais reflexos. Estabelecer sobre esta terra habitações, instituições sociais, espetáculos culturais em função desse ser humano, que é ao mesmo tempo carne e pensamento, espiritualidade e moralidade, é testemunhar por ele tanto quanto procurar entrevê-lo somente em pensamento. E talvez se engajar com mais grandeza e mais força nas vias dessa instauração que pode fornecer dele a experiência mais segura.

Além disso, porém, essa instauração progressiva do ser humano mais real, que constitui uma de nossas tarefas mais óbvias, que mais de imediato se oferecem, não comporta somente a invenção da sua realidade, a ser implicada em nossa vida própria, mas talvez a descoberta para o ser humano concreto de novos modos de existir; modos necessários para a harmonia da realidade para a qual concorrem. Essa é uma das razões pelas quais o problema permanece aberto, e a sobre-existência evocada resta distante da existência. Há ainda muitas experiências não feitas, existires não conquistados, para que o problema seja, enfim, perfeitamente definido e comece a oferecer uma solução virtual.

Nisso a existência é, dissemos, ao mesmo tempo muito rica e muito pobre. Pobreza feliz, porque dá lugar à invenção, à novidade de modos não experimentados de existência, propondo assim, de resto, novas possibilidades, mesmo para a sobre-existência que, nesse sentido, depende ainda de nós e não nos esmaga com seu mundo hierárquico e sublime. Nós temos poder sobre ela. Podemos fazer com que nasçam, com que eclodam realidades novas que não figurariam nela sem nosso concurso.

§111 . E se nos espantarmos ou nos aterrorizarmos com o que tem, sob certos aspectos, de negativo essa sobre-existência finalmente evocada como condição necessária de algumas das realizações mais ricas dessa arte múltipla de existir, da qual buscamos entender alguns contornos, pensaremos, para nos familiarizar com ela, no velho tema romântico do parentesco entre o amor e a morte. Certa morte é a queda no nada, outra é incandescência fulgurante de uma vida que acaba de arder na chama viva de um sacrifício supremo. Certo amor é aniquilamento na comunhão com uma falsa realidade, feita, no fundo, de nada. Outra é obra verdadeira, criadora e fecunda. Podemos nos deixar prender nisso. Confusão trágica. Saber descortinar o que é *realmente* plenitude e riqueza pela própria natureza da obra da qual somos testemunhas ao trabalhar para instaurá-la de fato, e, pela experiência direta da instauração, é conhecer o que, na própria existência, mais pode se aproximar da sobre-existência.

Em todo caso, isso está em nossas mãos.

É bom que certas coisas não existam para que possamos fazê-las, para que necessitem de nós a fim de existir. Porém, podemos ter certeza de que, para além da existência, elas têm a sua realidade. E essa realidade mesma, por mais sobre-existencial que seja, não é desprovida de relações conosco. Relações como a que tem a harmonia de um acorde com as vozes distintas que o expressam. É pelo uso que fazemos dessas vozes polifônicas da existência, que são os seus diversos modos e em cujo plano estamos por meio de nossa prática da arte de existir, que podemos fazer soar nessa polifonia acentos e acordes, como de outro mundo, que são a nossa contribuição e nossa participação nas realidades da sobre-existência. É pelo canto de Anfião que os muros da Cidade se elevam. É pela lira de Orfeu que os Simplégades param e se fixam, deixando, assim, passar o navio Argo. Cada inflexão de nossa voz, que é aqui o próprio acento da existência, é um sustentáculo para essas realidades mais altas. Com alguns instantes de existir entre abismos de nada, podemos entoar um canto, com o poder da palavra mágica, que soa para além da existência e pode fazer, talvez até mesmo os Deuses, sentirem, em seus intermundos, a nostalgia do existir; – e o desejo de descer aqui, ao nosso lado, como nossos companheiros e guias.

DO MODO DE EXISTÊNCIA DA OBRA A FAZER[1]

[1] Extraído do *Bulletin de la société française de philosophie*, 50 (1), sessão de 23 fevereiro de 1956, p. 4-24.

Desejo pôr à prova aqui algumas ideias que me são caras. Elas me são caras e, entretanto, desejo submetê-las a uma discussão com vocês. Por quê? Porque não são do tipo que se deva sair afirmando por aí a torto e a direito sem maior reflexão.

    Proponho um problema. Digo que ele nos concerne a todos, como homens e como filósofos. Como eu poderia formulá-lo sem que outros filósofos, de formação e ideais tão diversos quanto possível, aceitem se juntar a mim para afirmar a urgência e a universalidade desse problema?

    E, para tentar resolvê-lo, apelo a certo gênero de experiência. Porém, quanto mais essa experiência me parece crucial e preciosa, intervindo na trama íntima da vida e do pensamento para sustentá-los e guiá-los, mais acho importante me manter vigilante em relação a mim mesmo, a fim de não me abandonar, acreditando encontrar aí apoio e direção, a uma sorte de devaneio supersticioso. Que filósofo desejaria afirmar que certo tipo de experiência existe, se não consegue despertar em outrem a lembrança e a consciência de tal experiência? Tal é o resultado precioso, para mim, que busco aqui.

Com o fim de bem apresentar meu problema, partirei de uma observação, em suma banal, com a qual provavelmente vocês hão de concordar sem dificuldade. Essa observação, e se trata de um fato importante, é a incompletude existencial de todas as coisas. Nada, nem mesmo nós, nos é dado a não ser em um tipo de meia-luz, uma penumbra na qual se esboça o inacabado, em que nada possui nem plenitude de presença, nem patuidade evidente, nem total completude, nem existência plena. Essa mesa que toco, esses muros que nos cercam, eu que lhes falo e cada um de vocês aqui que se interroga a esse propósito, nada disso tem uma existência pronunciada com força suficiente para que possamos considerá-la de uma intensidade satisfatória. Na atmosfera da experiência concreta, um ser qualquer jamais é apreendido ou experimentado senão a meio caminho de uma oscilação entre o mínimo e o máximo de sua existência (para falar como Giordano Bruno), que, a bem da verdade, nos são apenas sugeridos pelo sentimento dessa oscilação, da amplificação ou diminuição das luzes ou das trevas dessa meia-luz, dessa penumbra existencial de que eu falava há pouco. A existência pode ser alguma vez um bem que possuímos? Não é ela, antes, uma pretensão e uma esperança? De tal modo que é prudente admitir que à questão: "esse ser existe?" dificilmente podemos responder usando Sim ou Não; antes responderemos usando o par Mais ou Menos.

No que nos concerne, isso é evidente para nós. Sabemos todos que cada um de nós é o esboço de um ser melhor, mais belo, maior, mais intenso, mais realizado e que, entretanto, ele mesmo é "Ser a realizar", sendo que a sua realização cabe a ele próprio. De sorte que, aqui, a existência realizada não é apenas uma esperança, mas também corresponde a um poder. Ela exige um fazer, uma ação instauradora. Esse ser realizado de que eu falava anteriormente é obra a fazer. E como o acesso a uma existência mais real só se obtém a esse preço, não podemos escapar, no que concerne a nós mesmos, à necessidade de nos interrogar sobre o modo de existência dessa obra a fazer. Essa obra nos concerne. Isto quer dizer que, tal como estamos aqui, somos concernidos por ela, padecemos verdadeiramente o agir que o verbo ativo da fórmula "a obra nos concerne" exprime. E, evidentemente, todos nós o sabemos: o mesmo acontece se em vez de pensar em nossa pessoa, pensamos no Ser Humano como a ser instaurado.

Porém, disse anteriormente, que assim é para qualquer coisa. Eu disse: essa mesa, esses muros encontram-se em uma condição semelhante e tal que não podemos responder à pergunta "Isso existe?" a não ser por um Mais ou um Menos, e não por um Sim ou um Não. Vocês me dirão, talvez, que me engano ou exagero, já que essas coisas têm uma existência física, positiva, não suscetível de mais ou menos, e tal que seria preciso responder: sim, fisicamente essas coisas existem.

É verdade que posso responder com Sim ou Não à questão de existência, porém, somente porque o sim atesta um tipo de mínimo exigível, de natureza quase puramente pragmática, minimamente controlado em uma escala macroscópica por algumas das disciplinas mais elementares do físico.

Para meu propósito, é inútil levantar as questões mais sutis, que seriam pertinentes se eu fizesse intervir o ponto de vista do físico mas em uma escala outra que não essa macroscópica. Poderíamos nos perder nesses problemas. É preciso permanecer no teor de uma experiência comum, concreta, humanamente vivida. É dessa perspectiva que digo que essa mesa, apesar de sua existência física suficiente, permanece apenas esboçada quando penso nas realizações espirituais que lhe faltam. Realizações intelectuais, por exemplo. Pensemos no que ela seria diante de um espírito capaz de discernir todas as particularidades e significações humanas, históricas, econômicas, sociais e culturais de uma mesa da Sorbonne! Significações que lhe são, certamente, inerentes e, entretanto, completamente virtuais enquanto não se encontre um espírito capaz de englobar, de assumir a existência intelectual realizada dessa mesa, de oferecer um campo para essa realização, de se esforçar para promover, nesse sentido, a existência de tal objeto. Ainda assim, essa realização puramente intelectual é apenas um aspecto do problema. Há outras formas de realização espiritual. Pensemos na aventura que essa mesa poderia viver se seu destino fosse ser retomada por um espírito de artista e continuar num quadro a existência objetiva (no sentido em que Descartes entendia esse termo) com que um pintor poderia gratificá-la. Tentemos essa experiência. Imaginemos essa mesa tratada no estilo de intimidade e quase de interioridade do qual um Vermeer possui o segredo; ou então tal qual ela apareceria como acessório de um Colóquio de Filósofos pintado por um Tiziano ou por um Rembrandt; ou ainda no fulgurante despojamento ou misteriosa evidência com que um Van Gogh expõe em suas representações, um tanto brutalmente, tal cadeira ou tal mesa de um quartinho de Arles. Estaríamos diante de promoções de existência. O artista, em tais casos, tem o encargo da alma com relação aos seres que ainda não a têm, que possuem apenas a simples e rasa existência física. Ele descobre o que faltava ainda a essa coisa, nesse sentido. A realização que ele lhe confere é a realização autêntica de um ser que ocupava tão somente, por assim dizer, o lugar que lhe cabia no modo de existência físico, mas que permanecia ainda pobre e por fazer em outros modos de existência. De tal modo que se essa mesa fisicamente está feita pelo marceneiro, ela está ainda por fazer no que concerne ao artista ou ao filósofo. E se algum de vocês tendesse a pensar que essa realização pelo artista é um luxo, uma tarefa desnecessária e que o próprio objeto não demanda, penso que nenhum de vocês diria que sua realização pelo filósofo é um luxo e uma tarefa desnecessária. Assim, por exemplo, sentimos que, entre essas diversas realizações artísticas que esbocei na imaginação, há provavelmente uma que seria mais verdadeira, pelo menos mais autêntica que outra, efetuando-se segundo uma via em que o objeto realmente segue, sem que o possa oferecer a si próprio, o fio direito de sua destinação existencial. Sentimos também que não podemos depreciar essa realização intelectual das significações, à qual me referi inicialmente, no que diz respeito à realização filosófica do objeto. Seríamos nós autenticamente filósofos se não nos sentíssemos concernidos pela obra que a promoção espiritual desse gênero de objetos representa? Não é essa nossa tarefa? Não nos sentimos responsáveis por essa tarefa, quase da mesma maneira como o artista se sente responsável em relação ao gênero de realização que ele, por sua vez, busca? Quando falávamos há pouco da pessoa ou do ser humano como obras a fazer, constatávamos simplesmente que aqueles a quem essa obra concerne, encontram também neles, acreditam encontrar ou acreditam sentir, um poder que corresponde a uma espécie de dever. Ao passo que agora estamos diante de seres cujo teor existencial, reduzido a esse mínimo que é a existência física, só pode se realizar completamente por meio do poder de outro ser. Diferença seguramente profunda e que modifica as condições práticas do problema, mas sem modificar sua essência. Devemos também considerar tais seres pela perspectiva da obra a fazer, de uma obra em relação à qual não estamos isentos de responsabilidade.

Mas deixemos de lado, por enquanto, essa questão de responsabilidade. Que ela fique aqui prenunciada. Voltaremos a ela no fim. O que acabo de dizer é suficiente para apresentar o problema ou, mais exatamente, constatar como ele se coloca. Se é verdade, como acabamos de ver, que a obra ainda não feita se impõe, no entanto, como uma urgência existencial, digo: ao mesmo tempo como carência e como presença de um ser a realizar e que se manifesta como tal, com um direito sobre nós; se isso é verdade, a própria maneira como a obra a fazer existe e o problema que considero aqui são uma única e mesma coisa.

Não posso, entretanto, evitar aqui uma inquietude. Certamente, aquele que olha bem de frente para o fato que acabamos de expor – que sente como cada ser confusamente e mediocremente preso a um plano de existência é como que acompanhado em outros planos por presenças ou ausências de si mesmo, se duplica ao se procurar neles e talvez assim se apresenta mais intensamente em sua verdadeira existência – poderá se maravilhar com a riqueza de uma realidade assim multiplicada através de tantos planos de existência. Mas quando falo das obras a fazer como de seres reais, quando admito que um ser físico – falei dessa mesa, mas poderia ter falado de uma montanha, de uma onda, uma planta, uma pedra – é como que duplicado acima de si mesmo por imagens cada vez mais sublimes de si, seria uma falta de rigor filosófico se não me perguntasse também: "Será que não estou povoando esse mundo – que me aparece tão rico, tão enobrecido com tantas respostas ecoadas e tão patético com tantas ausências de resposta – com entidades imaginárias?" Pois, afinal, nós filósofos carregamos a lembrança da famosa navalha de Occam e fomos adestrados a nos perguntar até que ponto podemos multiplicar, sem necessidade, os seres. Afirmo, ou acreditei poder afirmar, que havia sim uma necessidade nessa multiplicação, mas que não se trata de modo algum de uma necessidade lógica e sim de uma necessidade que sentimos e da qual padecemos. Mas temerei sempre me deixar levar aí por esse gênero de superstição, a que aludi com temor desde o início desta conversa, se não encontrar um contato experiencial com o modo de existência da obra a fazer e com os seres que existem (ao menos é o que suponho) segundo esse modo. Com toda boa fé filosófica, só posso chamar essa realização de virtual enquanto, concretamente, a obra está ainda por fazer.

Devo confessar imediatamente, e isso completa meus pontos de partida, que provavelmente perderíamos nosso tempo tentando obter uma experiência direta ou representativa do conteúdo dessas carências, dessas lacunas a serem completadas, desse complemento de existência pelo qual clamam todas essas coisas que só existem parcialmente. Admitindo que tudo isso pertence ao domínio de uma sorte de intuição intelectual, me arriscaria a cair no devaneio ou na superstição filosófica. Tomarei até mesmo severas precauções: evitarei qualquer apelo à ideia de finalidade. Logo veremos porque, quando retomarmos esse assunto. Ao procurar a relação entre existência virtual e exigência concreta (peço que me concedam o uso desses termos provisórios, necessários para que eu não proponha nada que não seja positivo e certo), me parece que tenho apenas uma maneira experiencial de abordá-la aqui: a da passagem de um modo a outro e dessa transposição progressiva pela qual, em uma *démarche* instauradora, o que estava de início apenas no virtual se metamorfoseia ao se estabelecer progressivamente no modo da existência concreta.

Uma metamorfose... Sem dúvida vocês conhecem esse texto delicioso do filósofo chinês Chuang-Tzu. Uma noite, Chuang-Tzu sonhou que era uma borboleta adejando sem preocupação. Ao despertar, se deu conta de que não era mais que o miserável Chuang-Tzu. "Ora, acrescenta ele, não se pode saber se foi Chuang-Tzu que despertou após haver sonhado que era uma borboleta ou se foi a borboleta que sonhou ter se tornado Chuang-Tzu desperto. Mas, acrescenta ainda o filósofo, entre Chuang-Tzu e a borboleta há uma distinção. Essa distinção é um devir, uma passagem, o ato de uma metamorfose."

Nada mais filosófico. E, ao pensar nisso como é preciso pensar, tenho aqui o princípio de uma solução para meu problema. Não posso, por exemplo, apreender separadamente nem a existência rasa e simples da coisa física, mas em todo caso concretamente dada, sem o seu halo de demandas por uma realização; nem a virtualidade pura dessa realização sem os dados confusos que a esboçam e a atraem para o concreto. Mas, na experiência do fazer, apreendo a metamorfose progressiva de uma na outra e vejo como essa existência virtual se transforma pouco a pouco em existência concreta. Quando vejo o escultor trabalhar, vejo como a estátua, a princípio obra a fazer absolutamente distinta do bloco de mármore, a cada golpe da marreta e do cinzel pouco a pouco se encarna no mármore. Pouco a pouco, o mármore se metamorfoseia em estátua. Pouco a pouco, a obra virtual se transforma em obra real. Cada ato do escultor, cada golpe do cinzel sobre a pedra constitui a distinção móvel da passagem gradual de um modo de existência a outro.

E ainda não tenho realmente essa experiência ao examinar o escultor. É o próprio escultor que, ao realizar pouco a pouco suas ações instauradoras, guia essa metamorfose e, ao mesmo tempo, a experimenta em suas diversas vias.

Prefiro não arriscar dizer que essa experiência instauradora é a única sobre a qual podemos nos apoiar aqui. Não vou afirmar, nem mesmo creio nisto, que a experiência ativa do fazer, tal como a experimenta o escultor, explora a única via da realização. Não quero afastar do horizonte filosófico o gênero de evento a que outros acreditaram poder apelar quando se inquietavam com problemas análogos: crescimento, evolução, esquema dinâmico, desenvolvimento que conduz ao emergir. Tudo o que está implicado por esses termos é digno de atenção. Mas por maior que seja o esforço que se faça para adquirir um tipo de sentimento íntimo e concreto do que podemos chamar de fio da corrente interior das instaurações espontâneas, não há nada aí que possa ser, ao mesmo tempo, tão direto, tão íntimo e vivido na experiência de suas regulações como o que encontramos na experiência pessoal do fazer. E quantos perigos surgem quando pretendemos assistir conscientemente em nós mesmos a uma instauração um pouco aterrorizante em que nem os poderes, nem os atos são verdadeiramente nossos. Repito, não descarto como impossíveis ou ilusórias tais experiências, nem como falsas ou supersticiosas as filosofias que buscaram se apoiar sobre tal consciência. Digo somente que elas me inquietam. Capazes de aparecer, à primeira vista, mais grandiosas, porque buscam comunhão não somente com devires particulares, mas também com vastos devires cósmicos (pelo menos na ordem da vida), podemos estar certos de que essas experiências buscam antes uma reconstituição conjectural que se distancia um bocado da experiência direta e vivida por elas postulada. Já a experiência do fazer instaurador, intimamente ligada à gênese de um ser singular, é uma experiência direta e incontestável pelo agente instaurador dos atos, das condições e ações por meio das quais um ser passa desse modo de existência enigmático e distante, mas intenso, do qual falei há pouco, para a existência no plano do concreto.

É também por isso que descarto, dos dados desse problema, a ideia de finalidade. Não nego de maneira alguma que seja uma concepção filosófica válida. Digo apenas que ela não tem nenhuma utilidade aqui. Ela designa e resume simplesmente a hipótese segundo a qual o mesmo princípio de vecção estaria em exercício nas ações do agente instaurador, quando exerce seu poder de fazer, e nos processos espontâneos até certo ponto análogos formalmente aos do fazer, mas nos quais não estão implicadas nem são discerníveis por meio da experiência a liberdade e a eficácia de tal agente.

Não digo, portanto, mal algum de todas as especulações atraentes que se pode empreender nos domínios que acabo de evocar, mas parece absolutamente certo que é no exercício do fazer, tal como o agente instaurador o pratica e o sente, que reside a única experiência íntima, imediata e direta de que dispomos com relação ao problema que tenho em face. É quando nos encarregamos de, por meio de nossa eficácia pessoal, fazer com que um ser conquiste uma presença concreta tão plena quanto possível, que lidamos com um gênero de experiência cuja incidência, vocês o sentem, sobre o vasto problema que apresentei é evidente.

Três características, às quais é necessário dar atenção, se manifestam, de imediato, nesse agente instaurador. São elas: liberdade, eficácia e errabilidade.

Primeiro, a liberdade. Ao menos uma liberdade prática, um poder de escolher na indiferença. O pintor tem na ponta do seu pincel um pouco de cor; ele é livre para colocá-la onde quiser na tela; é livre para escolher o azul ou o vermelho na paleta, e é nessa completa liberdade de escolha que começa, de uma maneira ou de outra, a ação desse agente instaurador, seja lá qual for a obra a instaurar.

Desculpem a aproximação, ou passagem, um tanto abrupta, mas eis aqui outro exemplo: a dialética descendente de Platão e o problema que colocava Aristóteles ao afirmar que ela era um silogismo enfraquecido. Sigamos Platão quando, num gesto demiúrgico, instaura, para defini-lo, o Sofista; ou quando instaura o pescador como modelo, incorporando a esse, sem parar, novas determinações, por exemplo: o ser humano que captura outros seres seja por meio da astúcia, seja por meio da violência, e assim por diante. Por que os escolhe? Responder a essa questão é investigar se existe uma dialética da instauração. Mas não há dúvida, em todo caso, de que, qualquer que seja o fio condutor dessa instauração, o instaurador aqui é livre para escolher. É, aliás, o que Raimundo Lúlio respondia a Aristóteles. Uma experiência que analisaremos mais a frente guia essa escolha, permitindo apreender o avanço do ser que está entre nossas mãos para ser concluído em direção à sua realização. O pintor tem suas razões para escolher na paleta a cor que vai empregar. Mas está em seu poder escolher.

Em segundo lugar, a eficácia. Seja manual ou espiritualmente, o instaurador, o criador, se me permitem empregar indiferentemente essas duas palavras a fim de tornar mais leve minha exposição, *opera* a criação. Ao mostrar a vocês, como estou tentando fazer, que há um ser da estátua antes que o escultor a tenha feito, não nego em nada, pelo contrário, que o escultor era livre para não fazê-la e que foi ele mesmo que a fez. Fichte dizia: toda determinação é produção.

A estátua não se fará por si mesma; a humanidade futura também não. A alma de uma nova sociedade não se faz por si própria. É preciso que ela seja trabalhada, e aqueles que trabalham nela operam efetivamente sua gênese. O florescimento de um ser no mundo. Que seja. Porém, florescer que se dá apenas quando se alimenta, por assim dizer, do esforço, do ato do agente. Se nosso escultor, cansado, tendo perdido a fé em sua obra, incapaz de resolver os problemas artísticos que se apresentam a ele para avançar nela, deixa cair o formão ou para de bater com a marreta sobre o cinzel, a obra a fazer permanece no limbo, a meio caminho, como que abortada... Eugène Delacroix dizia que muitas obras de Michelangelo permaneceram inacabadas porque ele se dedicava a problemas insolúveis. Ele não sentia, para me utilizar de outro vocabulário, que havia em seu projeto uma sorte de "caráter letal". Diferença, precisamente, entre o projeto e o trajeto instaurador. Voltarei a esse assunto mais adiante. Uma coisa é certa: se, incapaz de resolver o problema que tem diante de si numa etapa precisa da criação, incapaz de decisão, de invenção ou ação, o criador para de agir, então a criatura cessa de vir ao mundo. Ela só progride às custas desse esforço do criador.

Anunciei em terceiro lugar a errabilidade. Esse é um ponto essencial. Insisto nisso tanto mais porque, em tudo que li acerca da questão que exponho para vocês, me pareceu que era um dos pontos que mais se omitia; ao qual, em todo caso, não se dava suficiente atenção.

Após ter trazido sua liberdade e sua eficácia, o agente traz também sua errabilidade, sua falibilidade, sua submissão à prova do bom ou do mau lance. Ele pode, já afirmei, dar livremente sua pincelada onde bem entender na tela. Mas, se a coloca no lugar errado, tudo está perdido, tudo degringola. O uso que faz de sua liberdade pode ser bom ou mau. Sua eficácia pode ser a de promover ou de arruinar. Após ter agido, ele pode escutar a voz misteriosa que diz: "Harold, você se enganou!". E essa voz misteriosa é esta constatação trágica que conhecem bem todos aqueles que tiveram uma prática artística: a obra que falha, que se arruína miseravelmente, embora parecesse ir bem, porque houve um erro na escolha das palavras, na pincelada, nas mil relações de conveniência que é preciso calcular instantaneamente. Em suma, porque esse mau lance, ao qual me referia há pouco, teve por sanção imediata um aborto, um recuo existencial, a cessação dessa promoção do ser assegurada ininterruptamente até então pelo criador pateticamente debruçado sobre essa frágil gênese.

E não falo simplesmente da pequena aventura do aquarelista cuja pincelada secou rápido demais, ou do escultor que destruiu seu bloco de mármore ao golpeá-lo na inclinação errada. Penso em coisas tais como as que dizia Novalis: há séries de eventos ideais que correm paralelamente aos eventos reais. "Foi assim que aconteceu com a Reforma: no lugar do protestantismo, surgiu o luteranismo". Penso ainda na aposta de Pascal, cujo âmago não é nos dizer que é preciso optar, mas nos assegurar que, ao ter optado, estamos expostos a tê-lo feito bem ou mal.

Insisto na ideia de que, enquanto estiver sendo executada, a obra está em perigo. A cada momento, a cada ato do artista, ou melhor, *de* cada ato do artista, a obra de arte pode viver ou morrer. Ágil coreografia do improvisador que percebe e resolve, em um mesmo instante, os problemas que lhe coloca o avançar apressado da obra; ansiedade do pintor de afrescos que sabe que os erros serão irreparáveis e que tudo deve ser feito naquela hora que ainda resta antes que o revestimento tenha secado; ou os trabalhos do compositor ou do escritor em suas mesas, com direito a meditar o quanto quiserem, a retocar, a refazer sem outra espora ou aguilhão que não seja o gasto de seu tempo, de suas forças, de seu poder. Não é menos verdade que tanto uns quanto os outros têm que responder, sem parar, em uma lenta ou rápida progressão, às questões lançadas renovadamente pela esfinge: "adivinha ou serás devorado". Mas o que floresce ou perece é a obra; é ela que progride ou é devorada. Progressão patética através das trevas nas quais avançamos tateantes como alguém que escala uma montanha durante a noite sem saber se vai encontrar um abismo, apenas guiado sem cessar pela lenta subida que o levará até o cume. É antes uma dramática e perpétua exploração do que o abandono à marcha espontânea de um destino...

Se o que digo a vocês lhes parece acertado, vocês veem que nos encontramos em face de uma espécie de drama de três personagens. De um lado, a obra a fazer, ainda virtual e no limbo; de outro, a obra no modo de presença concreta em que ela se realiza; finalmente, responsável por tudo isso, temos o ser humano, que, por meio de seus atos, tenta realizar a misteriosa irrupção do ser cuja responsabilidade assumiu.

Sou, portanto, levado, nesse drama de três personagens, a falar da obra a fazer como sendo uma personagem. Quase ousaria dizer uma pessoa, mas temo que sentir, tão forte quanto sinto, esse caráter de pessoa que tem a obra a fazer seja um pouco uma de minhas superstições. Em todo caso, essa dualidade da obra que está no limbo e da obra que já está mais ou menos esculpida, escrita, traçada sob os olhos ou nas almas dos homens, essa dualidade me parece essencial para a problemática da instauração sob suas formas mais importantes e em todos os domínios.

Mas como designar, nomear, descrever essa obra ainda a fazer a não ser como um dos personagens do drama, já que ela intervém como um dos termos do problema.

Não digo que seja um "projeto" por razões que, peço permissão a vocês, esclarecerei mais adiante. Também não vamos dizer que seja uma "futuridade", porque esse futuro pode não acontecer se houver aborto. Sei que proponho um termo cuja conveniência pode ser contestada e que, aliás, submeto à crítica de vocês. Refiro-me à "forma espiritual" da obra. Ocorreu-me alhures empregar a expressão "o anjo da obra" simplesmente para corresponder à ideia de algo que parece vir de outro mundo e desempenhar um papel anunciador. Porém, estejam certos de que pronuncio essa palavra somente com o concurso de todos os "por assim dizer" filosóficos convenientes. E, decerto, para fazer essa aproximação entre a forma espiritual e o anjo, poderia me abrigar sob a autoridade de William Blake. De fato, e para usar uma linguagem mais severa e mais técnica, digo que a obra a fazer tem certa forma. Uma forma acompanhada de uma sorte de halo de esperança e de maravilhamento, cujo reflexo é para nós como um norte. Todas as coisas que podemos evidentemente comentar por meio de uma aproximação com o amor. E, de fato, se o poeta já não amasse um pouco o poema antes de tê-lo escrito; se todos aqueles que pensam um mundo futuro a fazer nascer não encontrassem em seus sonhos algum pressentimento a esse respeito, um pressentimento maravilhado com a presença convocada; se, em uma palavra, a expectativa da obra fosse amorfa, provavelmente não haveria criação. Não estou me deixando levar aqui por um tipo de mística do esforço criador. Constato simplesmente que o criador dificilmente escapa a essa mística pela qual seu esforço se justifica. Haveria, sobretudo na criação artística, um tipo de prostituição pelo fato de se fazer de sua própria humanidade um meio para a obra, se não houvesse nesta algo que parece merecer o dom de uma alma e, por vezes, de uma vida. Se não houvesse algo, em todo caso, que parece merecer enormes trabalhos. É exatamente isso que nos permite falar de uma realidade da obra que ainda não existe e que, talvez, jamais seja feita. Não postulo o que está em questão quando implico o ser da obra nessa dupla existência, se verdadeiramente mantenho esta no ato da metamorfose que tento apreender.

Como lhes disse, é exatamente por isso que, para designar essa forma espiritual, deixo inteiramente de lado tudo o que poderia se referir à ideia de projeto. Da mesma maneira como, por um lado, descartei a ideia de finalidade e de futuridade da obra bem-sucedida, descarto, por outro lado, o projeto, ou seja, aquilo que delineia a obra em nós mesmos, em um tipo de elã e, por assim dizer, a lança à nossa frente para reencontrá-la no momento da realização. Pois ao se falar assim se suprime de outra maneira, dos dados da questão, toda experiência sentida no curso do fazer. E se perde de vista especialmente a experiência, tão importante, do avanço progressivo da obra em direção a sua existência concreta ao longo do trajeto que a conduz até ela. Permitam retomar aqui uma ideia que há muito tempo me é cara – ela já aparece na primeira obra que publiquei – opondo assim o projeto ao trajeto. Se consideramos apenas o projeto, suprimimos a descoberta, a exploração e todo o aporte experiencial que sobrevém no decurso historial do avanço da obra. A trajetória assim descrita não é simplesmente o elã que nos demos. Ela é também a resultante de todos os encontros. Uma forma essencial de mim que assumo como estrutura e fundamento da minha pessoa exige sempre, no decorrer de meu trajeto vital, mil esforços de fidelidade, mil aceitações dolorosas do que essa forma capta através do mundo e mil recusas penosas do que não é compatível com ela. Particularmente, no que diz respeito ao desenvolvimento do processo instaurador, não posso esquecer que, no decorrer do trajeto de realização, ocorrem atos absolutamente inovadores, proposições concretas improvisadas repentinamente em resposta à problemática momentânea de cada etapa. Sem esquecer toda motivação que sobrevém no decorrer de cada decisão e o que essa decisão ela própria acrescenta à trajetória. Instaurar é seguir uma via. Determinamos o ser por vir explorando sua via. O ser em eclosão demanda sua própria existência. Em tudo isso, o agente tem que se inclinar diante da vontade própria da obra, adivinhar essa vontade, abdicar de si mesmo em favor do ser autônomo que ele busca promover de acordo com seu direito próprio à existência. Em todas as formas de criação, nada é mais importante que essa abnegação do sujeito criador em relação à obra a fazer. Na ordem da instauração moral, ela é a obrigação de abandonar o velho ser humano para encontrar o novo. Na ordem social, é o conjunto de sacrifícios que exige de cada participante a elaboração da alma de grupo que se trata de instaurar. Poderia dizer coisas análogas no que concerne à instauração intelectual. Se em tudo isso prefiro tomar a instauração artística como exemplo, é simplesmente porque talvez ela seja a mais pura, a mais direta entre todas; aquela na qual a experiência que busco é mais acessível e mais claramente vivida. Todavia, não esqueçamos que o que tentamos encontrar é válido em todos os domínios da instauração.

Olhemos mais de perto essa experiência. Por que, como e em que medida ela nos permite falar, sem superstição nem complacência com frágeis hipóteses, dessa forma espiritual de que tratamos como de uma realidade positiva, experimental, que resiste ao espírito; realidade na qual o espírito se apoia e com que troca inter-relações ativas e passivas?

Aí também há ainda três pontos essenciais a discernir.

Nesse diálogo entre o ser humano e a obra, uma das presenças mais marcantes da obra a fazer é o fato de que ela coloca e sustém uma *situação questionadora*.

Pois não devemos esquecer: a ação da obra sobre o ser humano nunca tem o aspecto de uma revelação. A obra a fazer nunca nos diz: "eis o que sou, eis o que devo ser, modelo que você precisa apenas copiar". Diálogo mudo no qual a obra, enigmática, quase irônica, parece dizer: "e agora, o que você vai fazer? Com que ação você vai me promover ou me deteriorar?".

"O que você vai fazer?" Imagino que esse seja um pouco o nome que o ser humano tem para Deus. Esse ser a quem ele deu a liberdade de fazer o que quiser, mas cuja ação espera para condenar ou salvar. Do mesmo modo a obra, de uma maneira quase divina, nos intima a escolher, a responder: "o que você vai fazer?". Ela nos pede para adivinhar como o *deus absconditus*. Escutemos o monólogo interior do pintor; monólogo que é, em realidade, um diálogo: "este cantinho na minha pintura ainda está um pouco sem graça, é preciso aqui um toque vivo, um brilho de cor. Um azul vivo? Um toque de laranja? Aqui há uma região com poucos elementos, colocarei aí um personagem? Um detalhe de paisagem? Ou será que suprimo esses outros personagens, de maneira a realçar o obscuro espaço ambiente". Do mesmo modo o escritor: "aqui me é necessário um epíteto estranho, raro ou inesperado... Ali um substantivo que ressoe com ecos profundos e íntimos... Depois do que o meu personagem acaba de dizer, é preciso colocar na boca de outro uma réplica capaz de operar uma reviravolta dramática... Ou melhor, o necessário aqui é colocar na boca do outro um dito espirituoso...". Esse dito está inteiramente por inventar. E no entanto é necessário. A obra, esfinge irônica, não nos ajuda. Ela não nos dá jamais a graça de uma invenção. Beethoven compondo a *Quinta Sinfonia*: no último movimento do andante, pouco a pouco, o silêncio se faz, apenas uma palpitação dos tímpanos preenche o movimento e o faz viver. Agora é necessário que ele se eleve: violoncelos em uníssono, uma grande frase com melodia calma e sublime. Mas essa exigência, que é certa, que coloca intensamente a situação, é um vazio a ser preenchido. Um vazio no qual a invenção pode falhar de maneira cruel, pode se esgotar em tentativas vãs e desvirtuadas. Talvez um instante abençoado deixará surgir, como que de maneira espontânea, a frase que a obra exige. Talvez o músico ainda tenha que encher por muito tempo seus papéis, seus cadernos de rascunho; talvez e, na confusão de esboços já feitos ou das obras parcialmente reutilizáveis, a melodia que deve agora se elevar. Imensa expectativa que parece não poder ser satisfeita e que, entretanto, deverá ser, pois, em tais momentos, o erro não é perdoado. A obra nos espera nesse momento. Caso falhemos, sem falha ela se perderá. Se não dermos a resposta certa, ela ruirá, partirá, retornará ao limbo distante de onde começava a sair. Pois é dessa maneira cruelmente enigmática que a obra nos questiona – e desta que ela nos responde: "você se enganou".

Por vezes ainda, a situação questionadora se apresenta da seguinte maneira: o artista sente que o que acaba de fazer tem valor, mas que não é bem isso. Seria preciso um elã novo, passar para um nível artístico superior. Pensemos nos três estados do *Chiron* de Hölderlin: primeiro, a espera do dia; em seguida, a retomada do poema transformado em espera da morte; finalmente, a sede pela morte impossível para o imortal. Nos dois primeiros estados, o poema já é belo, mas não sublime. O poeta que relê seu poema em seu segundo estado sente com uma certeza absoluta, com uma experiência direta e flagrante, que há ainda uma transfiguração a ser operada, um último motivo que deve ser introduzido como um fermento novo na obra e que a situará em pleno céu, como um alto pincaro. Mas, repito, por mais que essa exigência da obra seja clara e evidente, de maneira alguma o inventor está dispensado de inventar. Tudo está ainda por fazer; como diz o pintor de Balzac a seu discípulo: "o que conta é a última pincelada". Alguns menos grandes que Beethoven ou Hölderlin sentiram por vezes esse momento trágico no qual a obra parece dizer: "estou aqui, realizada em aparência, mas alguém maior que você saberia que eu ainda não atingi meu brilho supremo e que ainda há algo a fazer, algo que você não sabe fazer". É por isso que, frequentemente, podemos dizer, o gênio surge no último segundo, no momento supremo em que um último retoque, ou uma mudança total, decide o acesso da obra à sua grandeza suprema. Não devemos esquecer que Rembrandt recomeçou inúmeras vezes *os Peregrinos de Emaús* antes de atingir o único desses *Emaús* que rompe os limites superiores usuais da arte e nos transporta para o seio da plena sublimidade.

Tal é a primeira forma de experiência da obra a fazer, que denominei de situação questionadora. A forma espiritual coloca e define com precisão a natureza de uma resposta que ela não segreda ao artista, mas exige dele.

Em segundo lugar, assinalarei o que denomino de "exploração do ser humano pela obra".

A proposta que o artista deverá fazer à obra, em resposta à pergunta por ela feita, evidentemente ele a extrai de si próprio. Ele galvaniza todas as suas potências de imaginação ou de memória, revira sua vida e sua alma para aí encontrar a resposta procurada. Beethoven, fiz alusão a isso há pouco, ao procurar o motivo musical que precede o "Hino à alegria", na *Nona*, acabou por encontrá-lo em uma obra que já havia realizado, um "divertimento" sem grande importância, mas que uma simples mudança de ritmo elevou à altura que a obra exigia. Charlotte se faz pela pena de Goethe a partir das lembranças de seus amores com Friederike Brion ou Charlotte Buff, e assim por diante. Mas é o romance que ele está escrevendo que revira sua alma, que colhe, para se alimentar delas, as lembranças e as experiências utilizáveis. Devemos dizer que Dante utilizou na *Divina Comédia* as experiências de seu exílio ou era a *Divina Comédia* que precisava do exílio de Dante? Quando Wagner se apaixona por Mathilde, não é Tristão que precisa de Wagner apaixonado? Pois é assim que somos concernidos e empregados pela obra e que atiramos em seu crisol tudo o que encontramos em nós que possa responder à sua demanda, ao seu apelo. As grandes obras tomam o ser humano por inteiro, e o ser humano não é mais que o servidor da obra, esse monstro que deve ser alimentado. Cientificamente falando, podemos nos referir a um verdadeiro parasitismo da obra em relação ao ser humano. E esse apelo da obra é um pouco como o chamado da criança que acorda sua mãe no meio do sono. A mãe sente imediatamente que a criança precisa dela. Esse apelo da obra, todos o conhecem porque todos já tiveram que responder a ele. Ele nos desperta durante a noite para nos fazer sentir o tempo que corre, tempo estritamente medido para tudo o que nos falta fazer. Era esse apelo que fazia César chorar quando se lembrava de que, na sua idade, Alexandre já estava morto. É ele que faz o escultor descer à noite ao seu ateliê para dar ao bloco de argila ainda úmido os três toques de cinzel que faltavam. É ainda esse apelo que, na instauração moral, desperta durante a noite aqueles que se sentem responsáveis pelos males e sofrimentos de outrem. Eu dizia no início que é essencial para o nosso problema sentir que a obra a fazer nos concerne. E é assim que o sentimos. Digo que ela nos concerne: somos concernidos por ela. Nos sentimos concernidos. E essa é a própria experiência do apelo da obra. É por meio desse apelo que ela nos explora. E se o que estou dizendo tem a ver, talvez, com algumas das minhas superstições pessoais, creio que, mesmo que vocês recusem a ideia de que a obra é uma pessoa, não poderão recusar pelo menos a ideia de que ela é em relação a nós, quando completa, um ser autônomo; autônomo de fato e por destinação. Um ser, entretanto, alimentado enquanto se completa e para que se complete com tudo aquilo que há de melhor em nós. Esse parasitismo espiritual de que falava antes, essa exploração do ser humano pela obra, é a outra face dessa abnegação por meio da qual aceitamos muitos sofrimentos e penas em razão desse direito à existência de que a obra se prevalece em relação a nós em seu apelo.

Enfim, para terminar, tratarei de discernir um último conteúdo da experiência instauradora, cuja expressão é menos concreta e, forçosamente, mais especulativa que no caso dos dois conteúdos que acabo de inventariar. É o que chamarei de a necessária *referência* existencial da obra concreta à obra a fazer. Ou, se me permitem um termo pedante, a relação diastemática[2] entre as duas.

Eis o que quero dizer com isso. Enquanto a obra está em progresso... Precisemos. O bloco de argila já modelado, cinzelado, encontra-se sobre a mesinha do escultor e, entretanto, ainda não é mais que um esboço. É claro, desde sua origem e até a conclusão da obra, esse bloco, em sua existência física, estará sempre tão presente, completo e dado quanto o pode exigir essa existência física. O escultor, entretanto, o encaminha progressivamente em direção à última cinzelada que possibilitará a alienação completa da obra enquanto tal. Ao longo desse encaminhamento, ele avalia sem cessar em pensamento, evidentemente de maneira global e aproximativa, a distância que ainda separa o esboço da obra acabada. Distância que diminui sem cessar. A progressão da obra é a aproximação gradual de seus dois aspectos existenciais: "obra a fazer" e "obra feita". Toda distância é abolida com o último golpe de cinzel. A argila modelada é como o espelho fiel da obra a fazer, que está como que encarnada no bloco de argila. Elas não são mais agora que um único e mesmo ser. Oh, nunca totalmente, é claro. Espelho turvo, no qual a obra a fazer se olha, segundo

---

2 O oposto de uma relação contínua. [N.T.]

as palavras de São Paulo, *ut in speculo per aenigmate*, pois há sempre uma dimensão de fracasso em toda realização, seja lá qual for. Seja na arte, seja, e ainda mais, nas grandes obras da instauração de si próprio ou de alguma grande obra moral ou social, é preciso se contentar com um tipo de harmonia, de analogia suficiente, de evidente e estável reflexo na obra feita do que era a obra a fazer. Para que a obra possa ser considerada concluída, basta uma espécie de proximidade entre as duas presenças do ser a instaurar nos dois planos de existência que estão assim quase em contato. Essa proximidade suficiente define, enfim, a completude da obra. Não poderíamos explicar essa completude sem esse sentimento, essa experiência de uma distância maior ou menor que faz com que o esboço ainda esteja muito longe da estátua. E essa apreciação de uma distância, que mede espiritualmente a extensão da tarefa a ser cumprida, não pode ser confundida com qualquer avaliação concreta de determinações positivas. Não confundamos a evidência da completude com qualquer execução bem-acabada, com uma estilística do que chamamos vulgarmente, ou em uma terminologia de indústria e comércio, de "acabamento". Confusão grosseira, à qual sucumbiram por vezes, em certas épocas, os artistas cujos esboços e rascunhos são melhores que as suas obras concluídas. Tampouco acreditemos que se trate, como em última instância se pode pensar que se trata disso na dialética platônica, de uma adição sucessiva de determinações, de sorte que o número das mesmas seria a medida da distância não em relação à completude, mas ao seu ponto de partida. Sabemos que, por vezes, o esboço, mais complicado fisicamente e geometricamente, tem formas muito menos simples que a obra terminada, frequentemente mais despojada e mais pura em suas formas. Seria tolice portanto procurar uma solução desse tipo para o problema da completude. Ora, não preciso dizer a vocês que, com muita frequência, esse problema é o grande obstáculo com que nos deparamos em qualquer teoria da instauração. Não me recordo de haver lido, em autores filosóficos ou outros que se dedicaram ao problema da dialética instauradora, algo que responda, não digo de maneira suficiente, mas de alguma maneira, a esse problema da completude. Nem em Hegel nem em Hamelin. Não é por isso, de qualquer maneira, que mesmo o mais experimentado artista, ou o mais genial, não tenha suas inquietações e seus erros acerca desse assunto. Leonardo da Vinci era desses que não conseguiam se decidir a abandonar a obra. Podemos também pensar que Rodin, ocasionalmente, por medo de ir muito longe, tenha abandonado algumas obras um pouco cedo demais. Difícil decisão em que lutam confusamente entre si fatores tais como o pesar de alienar completamente a obra, de cortar o cordão umbilical, de dizer: "agora não sou mais nada para ela"; ou ainda a nostalgia da obra sonhada, o horror dessa inevitável dimensão de fracasso de que falava antes. E, por vezes ainda, o medo de estragar a obra quase satisfatória devido a um erro no último momento. Mas, em meio a todos esses tormentos do último momento que não se quer último ou que teme ir além dos limites, não é menos verdade que é uma experiência direta que intervém nesse último momento. Experiência cujo conteúdo, de qualquer maneira que o interpretemos, supõe sempre essa referência recíproca entre a obra a fazer e a obra feita, a partir da estimativa da distância decrescente e finalmente quase abolida entre elas.

Não apenas esses três aspectos da experiência instauradora – como três raios de um mesmo foco de luz – justificam profundamente, assim espero, essa presença real da obra a fazer que eu procurava diante de vocês, como também creio que o último aspecto que acabamos de ver comenta, ousaria dizer, de uma maneira não somente positiva, mas verdadeiramente patética, essa riqueza do real nos diversos planos de existência de que tratei ao apresentar meu problema. Pois não se trata de uma simples correspondência harmônica de cada ser consigo mesmo tal como ele está em presença ou carência através desses diversos planos, que peço a vocês que concebam um pouco à maneira dos atributos espinosanos, nos quais os modos correspondem entre si. É preciso pensar que não há somente correspondências, ecos, mas também ações, eventos por meio dos quais essas correspondências se fazem ou se desfazem, se intensificam como na ressonância de um acorde complexo ou se desligam e se desfazem. Lá onde uma alma humana, com todas as suas forças, se encarregou da obra a fazer, lá, num ponto patético, por meio dessa alma, dois seres que são apenas um, exilados um do outro através da pluralidade dos modos de existência, se entreolham nostalgicamente e dão um passo em direção um do outro.

Ora, em tal caso, essa alma humana ajuda, lúcida, passionalmente, esse ser separado de si mesmo a se reunir consigo. Mas não devemos esquecer que, nessa tarefa, ela também recebe uma ajuda. Não estamos a sós quando criamos. No diálogo em que a obra nos interroga, nos interpela, ela nos guia e nos conduz, no sentido de que exploramos com ela e para ela os caminhos que a levam a sua presença concreta final. Sim, cara a cara com a obra não estamos sozinhos. Mas também o poema não está só se encontra o seu poeta. O grande, o imenso poema que saciaria o ser humano atual, que despertaria o ser humano por vir, esse poema está aí, espera apenas o seu poeta. Quem dentre nós o escreverá?

E isso me conduz às minhas conclusões. Aqui reencontro a responsabilidade de que falava no começo e que nos incumbe a propósito de todo o inacabado do mundo.

Não é apenas no futuro, com efeito, que nosso problema se coloca. Embora seja certamente sob o aspecto de uma instauração futura que ele se apresente de maneira mais evidente para nós e nos atraia mais imediatamente. Tudo o que acabamos de dizer nos fornece uma aproximação filosófica universal de toda a realidade. E, primeiramente, nos ensina a discernir em tudo o que se nos apresenta como um todo acabado, no presente ou no passado, com este aspecto de obra, um movimento em direção à existência que coloca em jogo, aquém, forças instauradoras, além, apelos e nortes. Em suma, toda uma ajuda recebida, da qual o objeto, aparentemente inerte, é o testemunho. O aspecto patético do mundo, patético ou dramático, ao qual me referi antes e que aparece tão claramente na *démarche* instauradora, subsiste como drama representado, até certo ponto já passado, em todos os dados reais. E é filosoficamente importante conseguir senti-lo. Mas há mais. Aquilo que apreendemos no estado de completamente acabado, de existência suficientemente pronunciada, de certo ponto de vista e até certo ponto, ficou no meio do caminho. Não deixamos de ter responsabilidade por essa incompletude se nos é possível, em especial por meio da instauração filosófica, lhe conferir uma realização que ainda não foi obtida.

Não se deve conceder demais a essa tendência temporalista; a essa tendência a considerar todas as coisas sob o aspecto de um decorrer no tempo em uma sucessão de etapas espontâneas, de elãs que se prolongam por si mesmos do passado ao futuro. É muito fácil dizer: "isso falhou no passado, não falemos mais disso... O que veio depois é melhor". Acabei de afirmar: muitas coisas ficaram a meio caminho, no estado de esboço. Nada garante que elas não sejam, até certo ponto, recuperáveis por meio de acabamentos de que ainda estamos incumbidos. Me explico: somos responsáveis diante da criança e diante do adolescente que fomos, por tudo o que abria um caminho em que não avançamos; por tudo o que desenhava forças que mais tarde não foram empregadas e ficaram esclerosadas, ressecadas pela vida que nem sempre é realização. E se pensamos num mundo terrestre digno de ser habitado pelo ser humano verdadeiramente realizado, esse Ser Humano realizado, tendo alcançado seu estado sublime e se tornado mestre dos destinos de todos os outros seres desse mundo, se responsabiliza por esses destinos. Eu gostaria de ter feito com que vocês sentissem comigo um pouco esse tema que filosoficamente me obseda, que desse ponto de vista, não há ser algum – a menor nuvem, a menor florzinha, o menor passarinho, uma rocha, uma montanha, uma onda do mar – que não desenhe, assim como o ser humano, acima de si mesmo, um possível estado sublime e que, dessa maneira, não tenha algo a dizer pelos direitos que tem sobre o ser humano na medida em que este se faz responsável pela realização do mundo. Não somente a realização filosófica, o que é evidente, mas até mesmo a realização concreta da Grande Obra.

Poderia comentar essas coisas colocando problemas tecnicamente filosóficos. Por exemplo, evocando o Cogito sob esse aspecto de obra, com tudo o que ele implica em termos de fazer e de ajuda recebida; mostrando todas as solidariedades que ele desenha entre nós, entre o Eu do Cogito e todos os dados cósmicos que colaboram em sua obra, em uma experiência comum na qual tudo busca junto seu caminho para a existência. Mas essa é uma outra história. Não gostaria de recair aqui nesse pão de cada dia, por vezes um pouco seco, das discussões filosóficas técnicas, nas quais facilmente perdemos de vista o aspecto mais vital de nossos problemas.

Gostaria de ter contribuído um pouco para acentuar o que tem de vital a questão que quis submeter às reflexões de vocês. Disse que submetia tais ideias às suas reflexões para meu proveito pessoal. Mas o que é mais importante para mim é o que nada tem aqui de pessoal, aquilo que, pelo contrário, deve ser compartilhado entre todos, ser sentido por vocês todos, se o que esbocei diante de vocês é exato. Me refiro a esse apelo que se dirige, instantaneamente, a cada um de nós a partir do momento em que nos sentimos na intersecção de dois modos de existência, em que sentimos, ao vivê-los – e é essa nossa vida – essa oscilação, esse equilíbrio instável, esse tremor patético de toda realidade entre forças que a sustentam aquém e uma transparência em sublimidade que se desenha além.

SOBRE O AUTOR

Étienne Souriau é filósofo, especialista no campo da estética. Seu livro *Os diferentes modos de existência* já tinha sido muito elogiado por Deleuze, e mais recentemente foi redescoberto por pensadores como Bruno Latour, Isabelle Stengers e David Lapoujade.

Dados Internacionais de Catalogação na Publicação (CIP)
de acordo com ISBD

S714d	Soriau, Étienne
	Os diferentes modos de existência / Étienne Soriau ; traduzido por Walter Romero Menon Júnior. - São Paulo, SP : N-1 edições, 2020. 192 p. ; 14cm x 21cm.
	Tradução de: Les differents modes d'existence ISBN: 978-65-86941-19-7
2020-2524	1. Filosofia. 2. Étienne Soriau. I. Menon Júnior, Walter Romero. II. Título.
	CDD 100 CDU 1

Elaborado por Vagner Rodolfo da Silva – CRB-8/9410

Índice para catálogo sistemático:
1 Filosofia 100
2 Filosofia 1

n-1

O livro como imagem do mundo é de toda maneira uma ideia insípida. Na verdade não basta dizer Viva o múltiplo, grito de resto difícil de emitir. Nenhuma habilidade tipográfica, lexical ou mesmo sintática será suficiente para fazê-lo ouvir. É preciso fazer o múltiplo, não acrescentando sempre uma dimensão superior, mas, ao contrário, da maneira mais simples, com força de sobriedade, no nível das dimensões de que se dispõe, sempre n-1 (é somente assim que o uno faz parte do múltiplo, estando sempre subtraído dele). Subtrair o único da multiplicidade a ser constituída; escrever a n-1.

GILLES DELEUZE E FÉLIX GUATTARI

n-1edicoes.org